# あれから七十五年

## 戦後引揚と援護、二十三人の体験記

### 旧満洲と朝鮮半島引揚十二話、援護ほか十一話

［監修］堀田広治
［編纂］引揚げ港・博多を考える集い
［挿画］松崎直子

図書出版のぶ工房

［装幀］遠藤　薫

# 『あれから七十五年』の発刊によせて

堀田広治

敗戦から七十五年の歳月が流れ、戦争や引揚を体験した世代は残りわずかとなりました。このため「引揚」と聞いても何を意味するのか分からない人も多いのではないかと思われます。

第二次世界大戦が終わるころ、海外にはたくさんの日本人が住んでいました。日本の支配下にあったアジア各国在住の日本人の数は、軍隊と合わせておよそ七〇〇万余人で、そのうち民間人は三五〇万人くらいと推定されています。

明治になってから、日本はアジアに日本の支配のおよぶところを増やしていきました。欧米列強もアジアで植民地支配を行なっていましたから、当時の世界情勢上、当然の流れだという考えもありますし、それは侵略だという考えもあります。いずれにせよ現地にもともと住んでいた人たちの多くは納得せず、反発が起きていました。日本に対しても、抗日運動や戦争が起きていました。

日本が連合国との戦争に負けると、海外で日本の支配のおよぶ場所はなくなりました。日本の外地（台湾、朝鮮、関東州及び南洋諸島）、占領地（満洲国及びその他日本軍の占領地）、それからあらたに他の国に支配されるようになったところ（北方四島など）に生活していた民間人たちは、日本の本土に戻らなくてはなりませんでした。これが引揚です。

引揚者総数は三一九万人、地域別では旧満洲が一〇五万人で最も多く、次いで朝鮮七一万人、中国（旧満州を除く）四九万人などとなっています。

中国東北部にあった満洲国は、日本人が運営していました。しかし、三千万人が居住する当初の「満洲国」の日本人の人口は一％足らずで、それでは思うように運営できないため、政府は「満洲開拓移民推進計画」を決議し、この計画により、満蒙開拓団として新たに二七万人が満洲に送り込まれました。満洲事変まで一千人もいなかった満洲への農業開拓移民は、国策で激増したのです。日本からの事業所、工場、学校などで働く人々やその家族もたくさん移り住みました。

敗戦とともに、満洲国も植民地も消滅し、日本人はそこにいられなくなりました。前述のように、その多くは国策で送り込まれた人々だったのですが、なかなか帰国は叶わず、厳しい環境に置かれることになりました。

日本政府も現地の日本人がどういう目に遭うか想像がつかなかったわけではないのです。昭和二十年九月の閣議決定「外征部隊及び居留民帰還輸送（編集注・軍人軍属の復員輸送と民間人の引揚）等に関する実施要領」によれば、「外征部隊及び居留民帰還輸送」は、「現地の悲状に鑑み、内地民生上の必要を犠牲にするも、優先的に処置すると共に他の一切の方途を講じ、可及的速かに之が完遂を期するものとす」とされ、そのなかには「外征部隊及び居留民の現地保護特に越冬期に於ける特別の保護」という文言も見つかります。現地の日本人が過酷な状況にあるので、日本本土の必要を犠牲にしても引揚を行なわなければいけないという考えがあり、冬季ともなれば半端なく寒くなり生命の危険があることもその時点でわかっていました。しかし、日本国内の目の前の不足と混乱があり、多くの人が国策で海外に暮らし、敗戦とともに生活がたちゆかなくなったにもかかわらず、その引揚はあとまわしにされていました。旧満洲と朝鮮半島北部からの引揚が実質的に始まったのは、いろいろな人の尽力の末の昭和二十一年四月のことです。

現地日本人の多くが、無法地帯と化した大陸で、厳しい環境のなか、日本への船の出る港へと旅しました。暴力や略奪に伝染病と食糧不足、あらゆる悲惨。もちろん命を落とす人や置き去りにされる人もたくさんいました。難民というと、どこか遠い紛争国のことのように聞こえるかもしれませんが、大勢の日本人が難民になったのです。

これらの引揚者を受け入れるため上陸港として許可が下りた一八港に地方引揚援護局が置かれました。戦争末期の米軍による機雷大量敷設「飢餓作戦」により、終戦当時、日本の主だった港の多くは使用困難に陥っていました。そのなかで博多港は大陸に近く港の機能も損なわれていなかったことから一三九万人の引揚者（全体の二七・三％）を受け入れるとともに、当時在日していた朝鮮人など五一万人を祖国に送り返した最大の引揚送出港としての役割を果たしました。

本書は二年前に発刊した『あれから七十三年』の続編として送り出すものです。前回は一五人の引揚者の体験記を紹介しましたが、今回は引揚途上で家族を失い孤児となった子どもたちを世話した「聖福寮」の保母、性被害を受け妊娠したり性病患者となった女性の処置をした「二日市保養所」の医師のほか、「検疫」や「税関」業務、さらには朝鮮人の「送出」業務を担当した職員などのほか、引揚援護に関わった人たちの貴重な体験も取り入れました。引揚を取り囲む当時の状況を知っていただくうえで参考になれば幸いです。

私たちは一九九五年に「戦後五十年引揚を憶う~アジアの友好と平和を求めて」を発刊し、七六人の方の原稿を掲載しましたが、すでに二五年が経過したため今回一九名の方の原稿を一部改訂して再掲しています。

歴史継承の手段として活字、写真、動画、絵画、語りなどがありますが、歴史の生き証人としての資料も意味があります。いま私たちは六・一九福岡大空襲、博多港引揚、ヒロシマ・ナガサキの原爆投下を次の世代に引き継ぐために、福岡市に平和資料館の設置を求める運動に取り掛かっています。

令和二年（二〇二〇）九月二十五日

「引揚げ港・博多を考える集い」世話人代表［ほりた ひろじ］

# あれから七十五年◎十二人の戦後引揚体験記と十一人の引揚援護体験記［目次］

# ◎十二人の戦後引揚体験記

## ◎十一人の引揚援護活動記ほか

## 凡例

一、本書は、「引揚」に関する十二話と、「援護」に関する十一話の合計二十三話を掲載した。

一、筆者による記述の史的裏付けを取るため、各人提供の写真のほかに、米国立公文書館の資料、のぶ工房蔵の資料を掲載した。

一、また、読者に、よりわかりやすくするために、当時の様子を知る松崎直子氏に、描き下ろしの挿画を依頼して掲載した。

一、今日の時点では民族・人権問題上、不適切な表現も含まれるが、当時の状況や時代背景、考え方を伝えることを重視して、各話の筆者が使用した呼称をできるだけ正確に記すよう努めた。

一、文中の海外地名は、日本読みと海外読みが混在しているが、日本読みは平仮名で、海外読みはその当地の発音を片仮名で表記した。

一、読者が、文中の昭和戦前における海外の地名を理解するため、各巻頭に地図や表を掲載した。既成の地図に適当なものが見当たらなかったため、それぞれの地図に記載の参考図書を参照しながら、のぶ工房が作成した。

一、本書は、初出でないものについては、分かる限り各話の文末に初出を掲載した。

# 十二人の戦後引揚体験記

◆38度線を越えて来た人々
素足での乗船に苦難が偲ばれる。
昭和21年夏、釜山港。
［撮影：三宅一美］

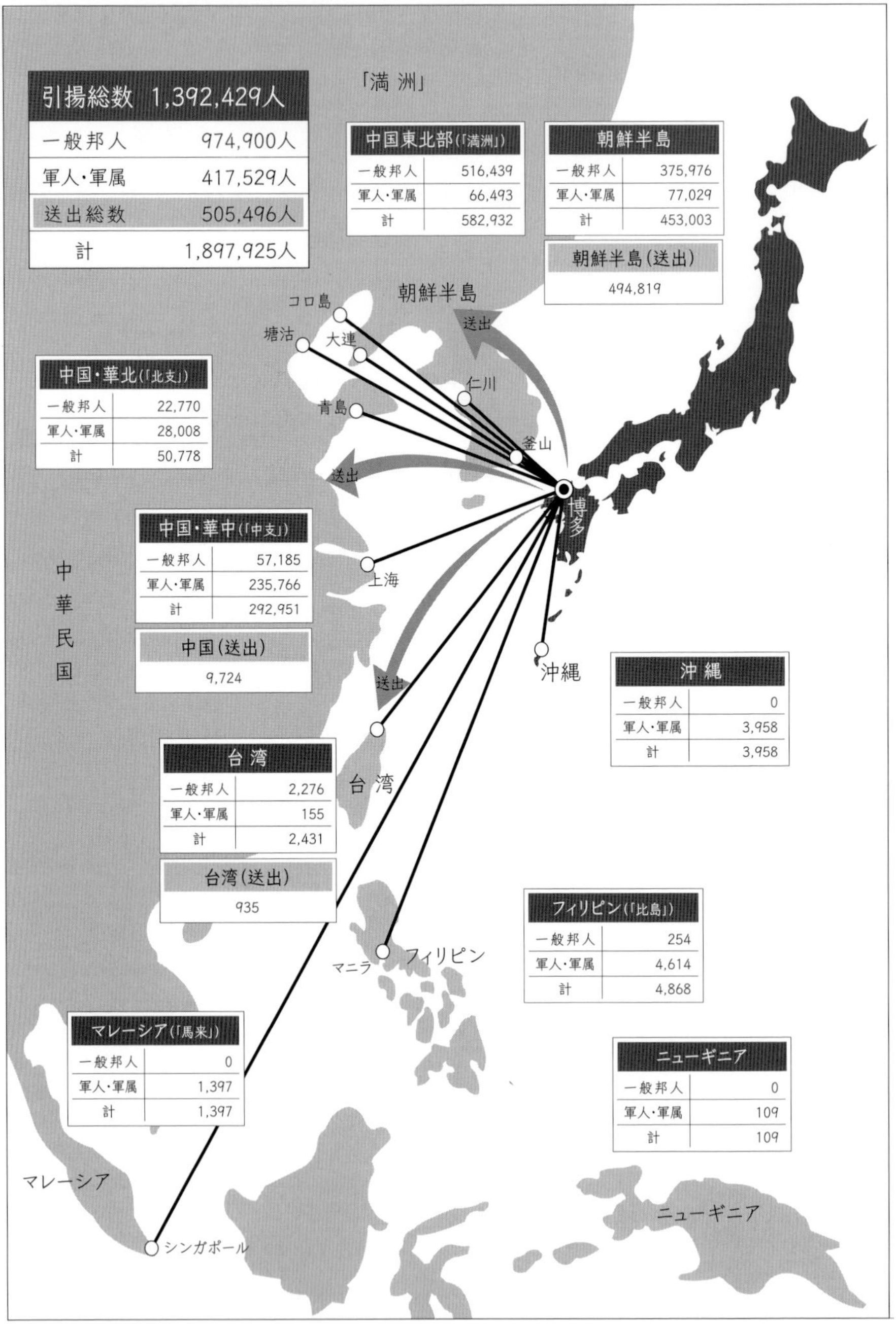
引揚総数 1,392,429人
一般邦人 974,900人
軍人・軍属 417,529人
送出総数 505,496人
計 1,897,925人
「満 洲」
中国東北部(「満洲」)
一般邦人 516,439
軍人・軍属 66,493
計 582,932
朝鮮半島
一般邦人 375,976
軍人・軍属 77,029
計 453,003
朝鮮半島(送出)
494,819
朝鮮半島
送出
コロ島
塘沽
大連
仁川
青島
釜山
送出
博多
中国・華北(「北支」)
一般邦人 22,770
軍人・軍属 28,008
計 50,778
中国・華中(「中支」)
一般邦人 57,185
軍人・軍属 235,766
計 292,951
中国(送出)
9,724
上海
中華民国
沖縄
沖 縄
一般邦人 0
軍人・軍属 3,958
計 3,958
送出
台湾
一般邦人 2,276
軍人・軍属 155
計 2,431
台湾(送出)
935
台 湾
フィリピン(「比島」)
一般邦人 254
軍人・軍属 4,614
計 4,868
マニラ
フィリピン
マレーシア(「馬来」)
一般邦人 0
軍人・軍属 1,397
計 1,397
ニューギニア
一般邦人 0
軍人・軍属 109
計 109
マレーシア
シンガポール
ニューギニア

◆博多港引揚及び送出一覧図（厚生省『援護50年史』、福岡市『博多港引揚資料展』他より）

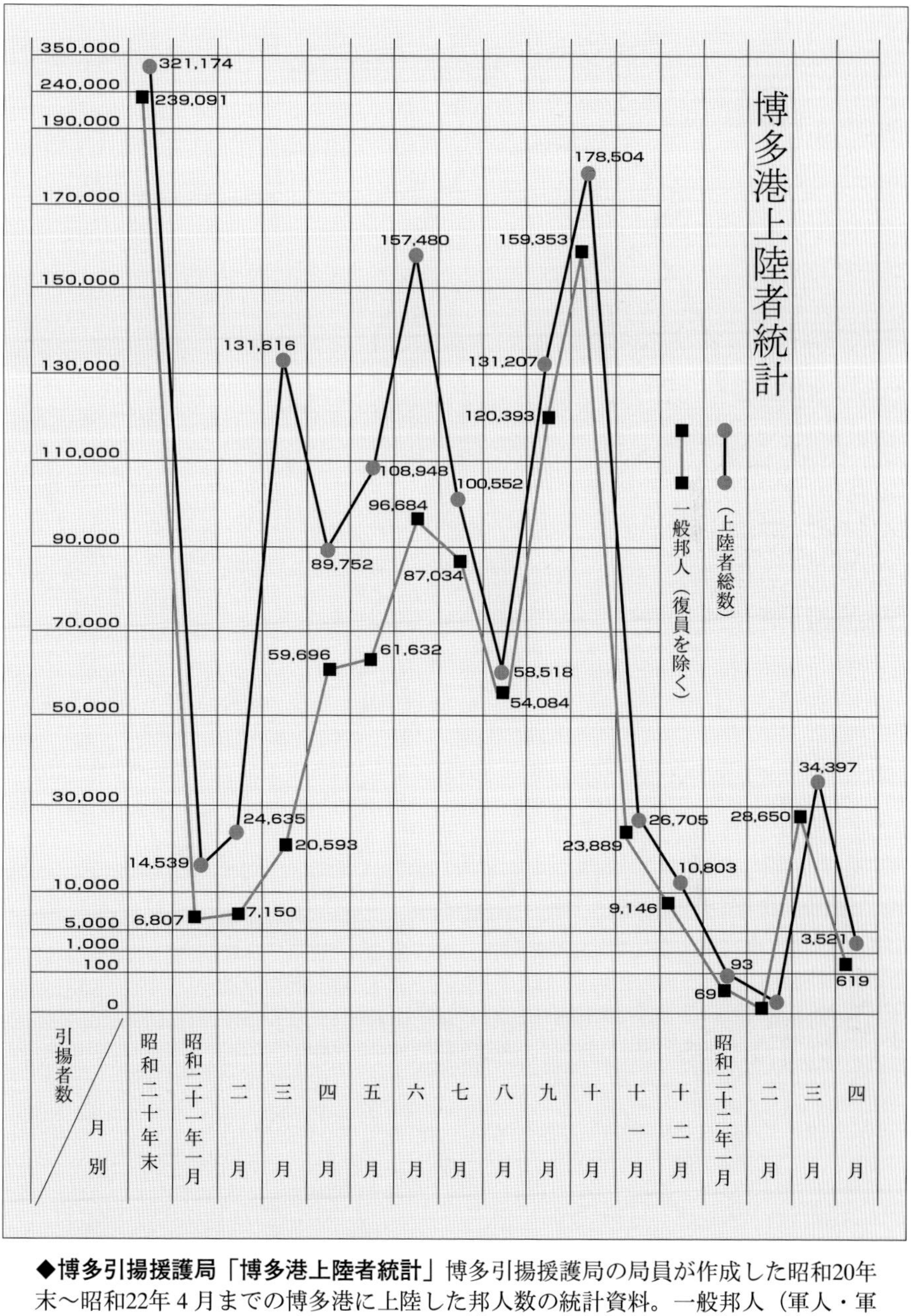


◆**博多引揚援護局「博多港上陸者統計」**博多引揚援護局の局員が作成した昭和20年末〜昭和22年４月までの博多港に上陸した邦人数の統計資料。一般邦人（軍人・軍属を除いた人々）と上陸者総数の人数が、折れ線グラフで示される。

［博多引揚援護局局史係『博多引揚援護局史』より転載］

## 満洲地域 (1945年当時)

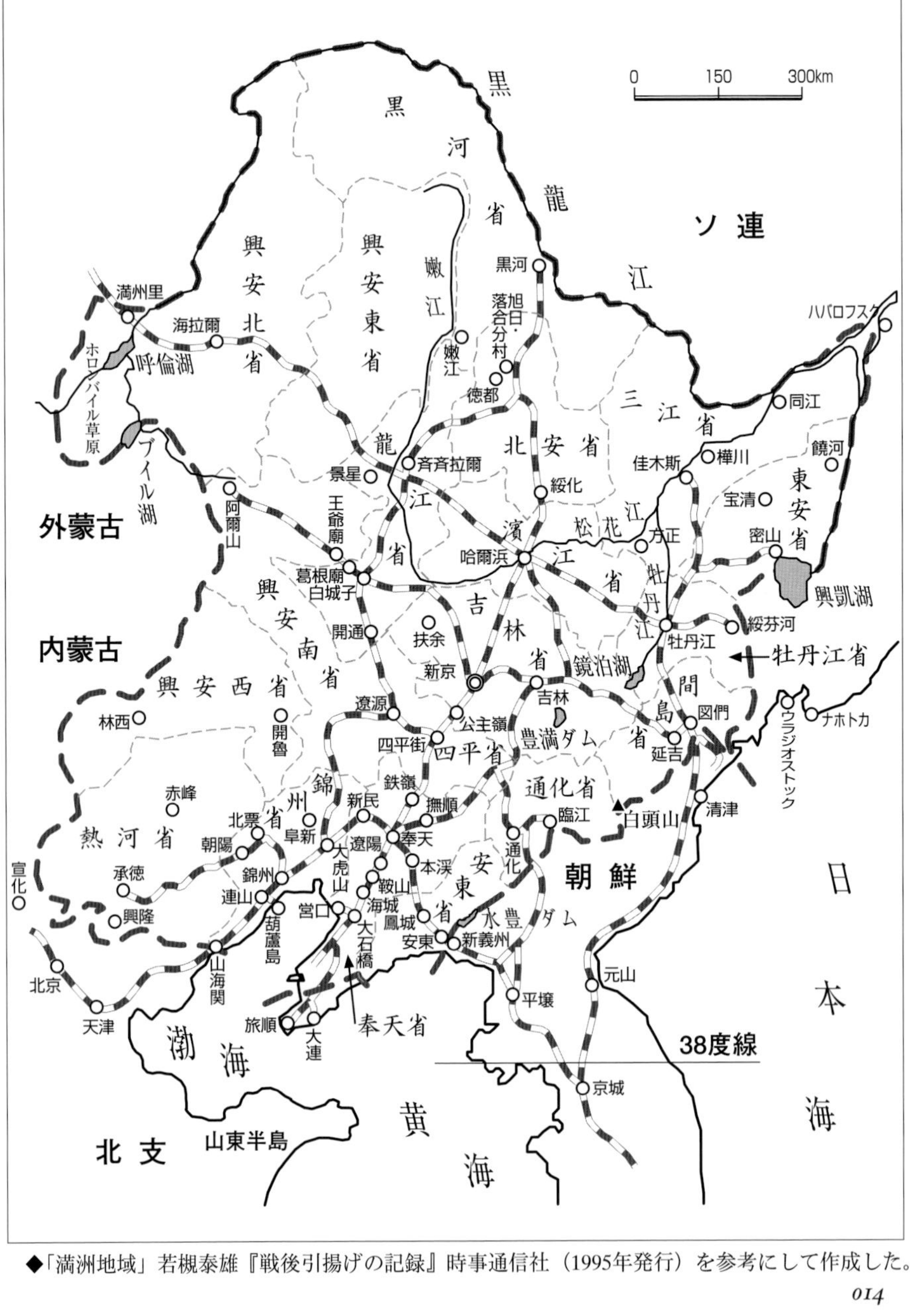


◆「満洲地域」若槻泰雄『戦後引揚げの記録』時事通信社（1995年発行）を参考にして作成した。

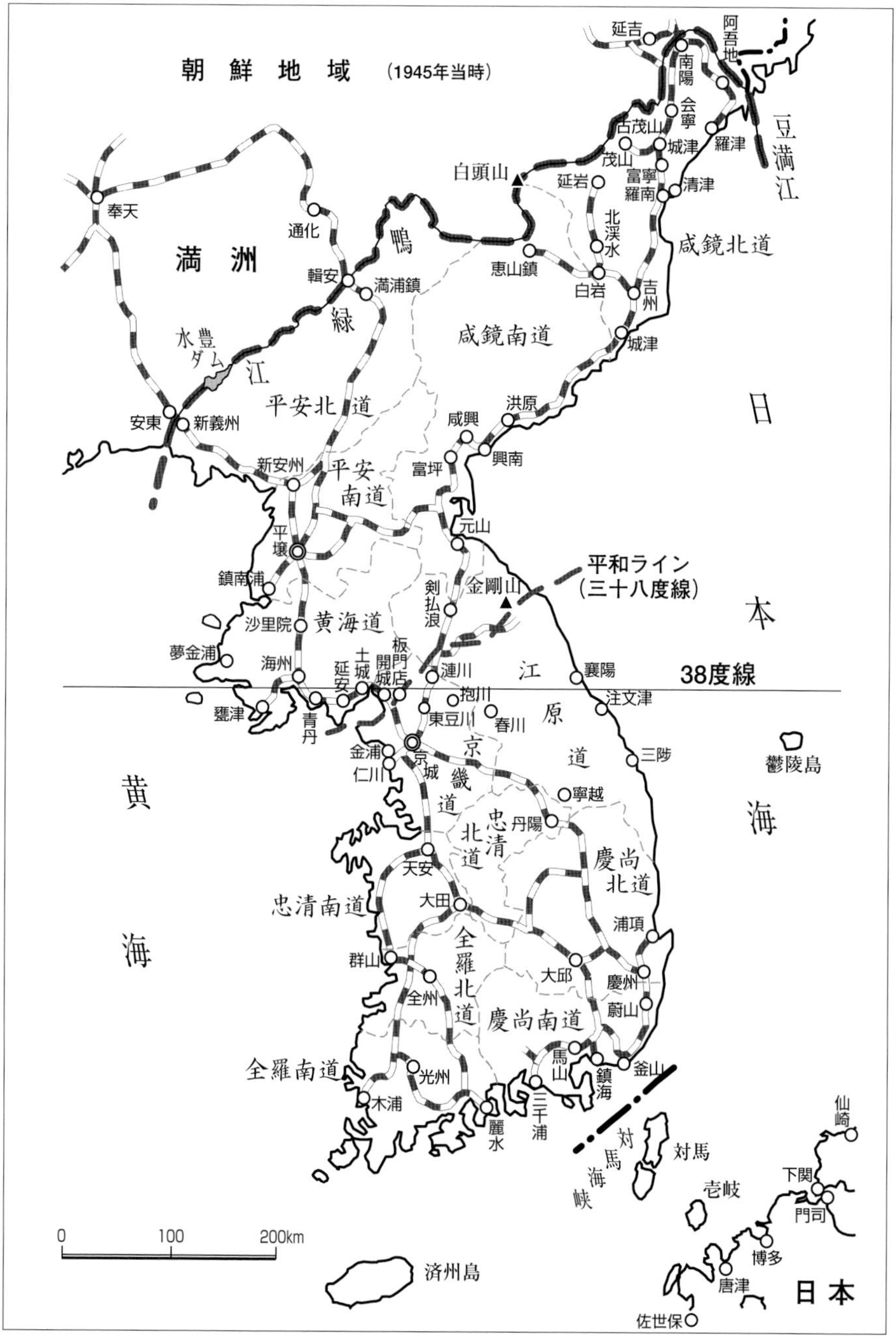


◆「朝鮮地域」若槻泰雄『戦後引揚げの記録』時事通信社（1995年発行）を参考にして作成した。

episode I

朝鮮半島咸鏡南道
げんざん（ウォンサン）

# 元山からの引揚

山本高子

## 朝鮮人青年の協力で引揚

昭和十六年から二十年の終戦まで、夫良健は群山道立病院の小児科長として勤務しておりました。秋には、光州に新設された光州医専の小児科教授として赴任の予定でした。しかし官舎が軍部に接収されて、家がないとの事で、北朝鮮の元山近くの知り合いの所へ、私と子供四人疎開する事に決め、夫は群山に残ったのです。八月に入ってすぐの事でした。

八月十五日、突然連絡が絶たれました。街には不穏な空気が流れ、時折ドンパチと銃声が聞こえ、日本人の家を襲う人々の声がしました。夜になると、ソ連兵が女性を求めて戸を叩きます。数家族で身を寄せ合っての避難所生活が三ヵ月続きました。食糧にも事欠く生活でした。

十一月に入ると、朝鮮半島北部の寒さは厳しく、四人の子供達の生命が心配でした。偶然出会った

**◆京城での家族写真**　前列左から長男、三女、次女、長女。後列左から私、夫。

日本人の敗残兵に、南の夫への手紙を託したところ、幸運にも連絡が取れ、折り返し数回に渡って、密使として朝鮮の男性が、夫や父の手紙、食料、ミルク等を届けてくれました。

◇

便箋やペンなどなく、あり合わせの紙に鉛筆で書いた手紙です。二通ほど残っていましたので紹介します。

## 夫宛に茶色の紙に書いた手紙（原文ママ）

「大変涼しくなって来ました。皆様お元気ですか。お母さんが病気で入院されて居られる由、如何ですか。とても悲しくてなりません。大山が何かの時そんな話をしたので気にかかって仕方ありません。お便りたしかに頂きました。現金三百円も。ご心配ばかりかけて本当に有り難く思ってます。すまないような気持ちでございます。近いうちに元山住民（内地人）も集結されるらしい噂です。その前に避難先は葛麻の海軍倶楽部？のあとに移動しなくてはならないでしょう。畳もないところだそうです。十一月早々に南下できるらしいとかそうでないとか毎日情報が変わって来てさっぱりわかりません。今日のお手紙の件、母が上野様に行って阿部様不在のため武田様に伺いましたところ、上田様は却ってロスケに保護されているそうです。ご主人は時たま家に帰っておられます由。

母上が外との交渉は全部なさいますので、私は一寸も外に出ず、何もわかりません。上田様、武田様、阿部様方は皆、今度のこと不賛成の由で母も気が進まず手紙の返事は勝手に書くようにと云われました。阿部様の気持ちがはっきりしないと先生方の気はすすまないだろうからと一向に話になりません。

今この家には七十幾人入ってます。子供、女が多く、訳のわからない熱で三人ほど寝ていますが、発疹チフスがある団体で出たそうですから、それでないかしらと私ひとり案じてます。

毎日のように、しらみを取ってます。子供等も毎日洗った肌着を着せるのに刺されて困ります。良高も五、六日前に四十度くらいの熱を出し、頭がとても痛いと云ってました。一日のうち一寸下がったと思うとまた夜半ずっと熱があり、一度吐き気まで来てこの二三日熱が出なくなりましたが、便がやわらかでした。元気がなく心配でしたが、今日は少し元気で、持って来ていただいたお米をおイモでオカユを作ってやりましたらよろこんでいただきました。医者は何とも申しませんが、食べ物に注意するようにとくれぐれも申します。毎日注射をして四円、薬で二日分で三円、母は何でもないのに注射をしてもふけるのだと云っていやがりますが、来て下さるので私は有り難いとして頂いてます。せめて薬でも体をもたしてやりたい気

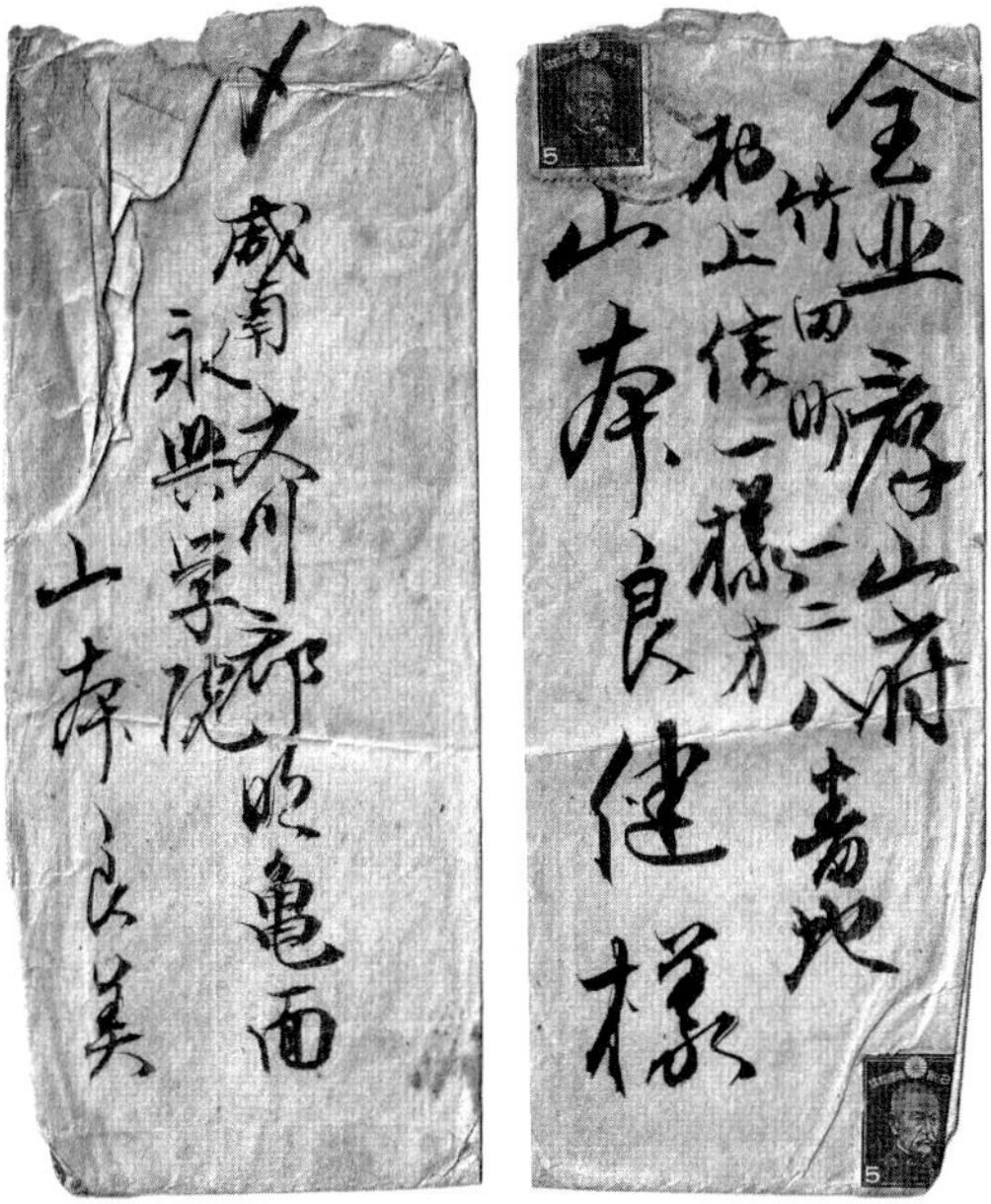

**◆元山から夫へ書簡** 「良美」は長女の名前です。

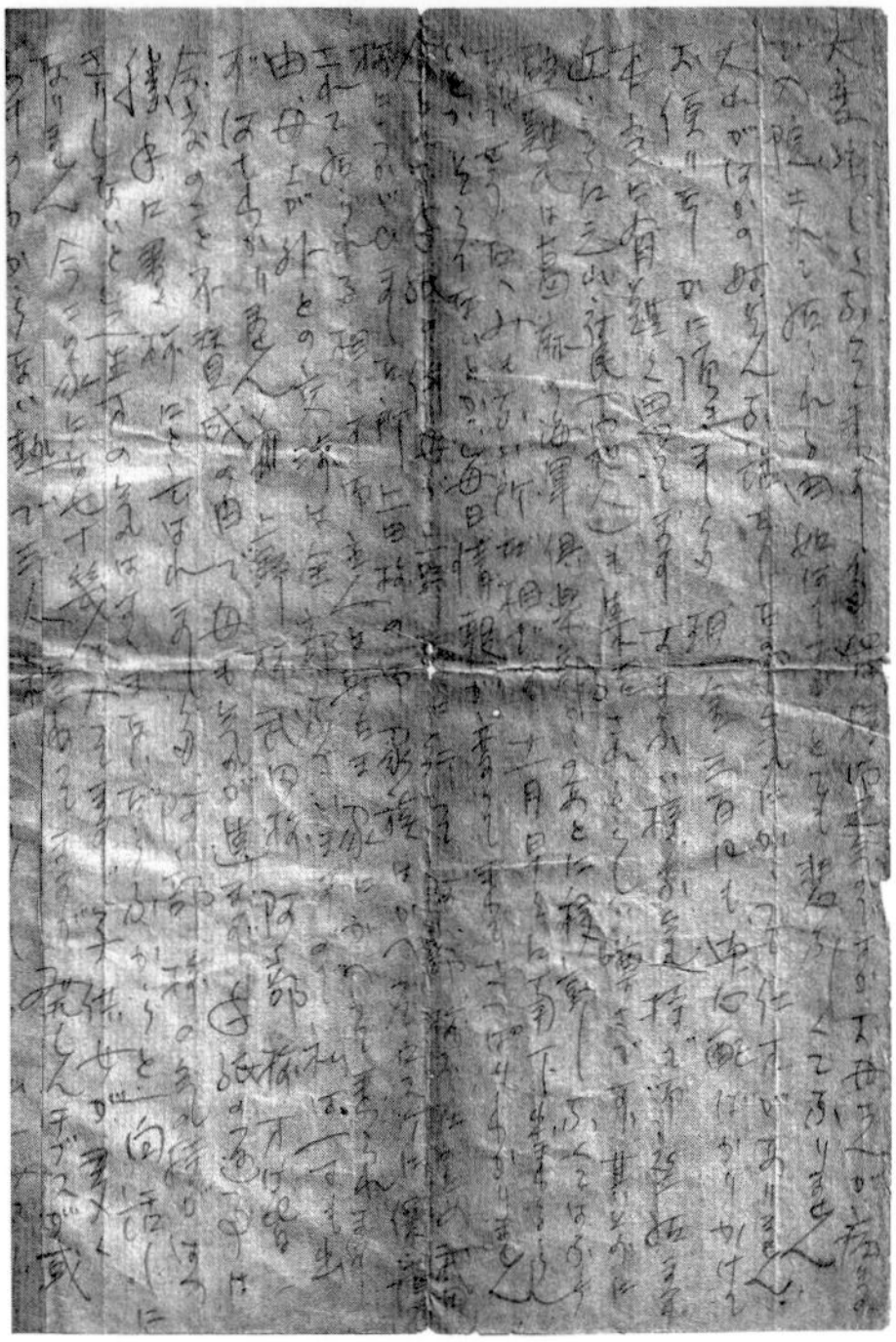

**◆茶色の手紙**　走り書きの文字が続く。

持ちです。食事は半々のあわめし、野菜を買っても朝はみそ汁だけ、沢あんは昼、晩はカボチャ少々。私が炊くとサッカリンを入れると云って怒られますが、サッカリンもほとんど使わせないのでまだまだ沢山あります。

……四一三字中略……

一日も早く行きたいのに希望者が少なければ駄目でしょうか。有り金出して京城まで行って、いつ内地に行けるかわからないので困ると前川先生は云われます。皆、お金がどれくらいかかるか、無理なく安全に行けるかと半信半疑です。大山がどうしても明朝帰ると云いますので手紙を書きますが、皆様と連絡がとれません。母さんの病気のことが気になってたまりません。皆様くれぐれもお体をお大事に。チョコレート、あめ、栗、三百円等、いろいろとたくさんありがとう。お礼の申しようもありません。

皆々様に。

追記　先日李さんにお願いしました親書のうち帝国水産の人、自宅漢江通り三丁目だそうですから調べていただくようにとのことです。」

そうしているうちにも、状況は悪くなるばかりでした。寒くなるなか収容場所は定まらず、子どもたちは次々に病気になりましたが、母親としては途方に暮れることもできません。手紙を書き、現状を伝えて助けを求めました。

◇

## 夫宛に赤色の紙に書いた手紙（原文ママ）

「昨日、家庭内に入り込んだ避難者は、皆集結させると云うわけで、元カフェー（つばさ）ミヤ井のすじむかいの家に入りました。全員五十余名、私共は七枚のたたみの上に十一人荷物と一緒に寝ています。

恵美が五六日前から下痢して昨夜でお薬がなくなってなやんでおりましたら一昨夜から四十度ほどの熱出て引っ込みません。下痢の熱と思ってましたら気がついて見ましたら右の足首の所、ピンデ（編集註・南京虫）に食われたと思っていた所から赤く腫れて、当たるととても泣きます。ひと晩心配で眠れませんてした。良美は二度も吐きますし紀美は下痢。皆が病気で本当にどうしたらよいかと心配しました。伊部先生にお願いして福田先生のお宅に連れて行って頂き、院長先生と福田先生にみていただきました。タンドク（編集註・丹毒＝連鎖状球菌が傷口から入って起こる。急性化膿性の炎症。患部が赤く腫れ激痛を伴う）と下痢と扁桃腺の熱だと申され、注射と飲み薬とシップ薬を頂いて来ました。呉野さんと山本さんの顔を見ただけで泣けてしまいました。

心配して下さる気持ちはよくわかります。でもあまり情けない時は子供たちを恨めしいと思ったこともありました。家を転々とうつらなければならない時、本当に死んだ方が良いと思いました。六人分の食糧、衣類、夜具を私一人でかつがなければならないのにどうしてかつげますか。寒い野天にほうりだされる一歩手前でこの家に入ることになって生き返った気持ちでした。

……中略（二〇八字）……

（子供たちが）お父ちゃんの顔を見られるように元気でいてくれるように祈るだけです。一日も早く迎えに来てください。本当に待ちわびています。井川さんにも手紙書きたいと思いますが恵美がとてもぐったりしていますから一寸。

この家にも羅津、清津から歩いて来られた人々がたくさんおられます。皆本当に気の毒な方々です。今夜まで時間がないのでよしておりましたが、子供たちが良く寝ましたので話をつづけました。今夜は恵美も足の腫れも良く今の調子では大丈夫です。良美が寝てますが今日は私も割合気丈夫です。呉野さん山本さんが今日帰られるといってよって下さいました。お金千円と三百円たしかに頂きました。大山さんが姉ちゃんからといって百円いただきました。御礼を申しておいて下さいませ。」

◇

「一刻も早く脱出すべし！」との手紙を受け、意を決して脱出する事にしました。しかし運悪く五歳の息子は発疹チフスにかかっており、すぐに出発する事は出来ません。

父と夫から依頼を受けた朝鮮の男性四名が協力してくれるとの事。ひとまず、七歳の長女と三歳の次女を二人の青年に預け、京城の実家迄送り届けてくれるよう、くれぐれも頼みました。先発隊です。息子の病気が一段落した数日後、私は朝鮮服を着て、髪もあちら風に結い、赤ん坊（生後十ヵ月）を、これもあちら風におんぶして、息子の手を引いて、二人の案内人と共に元山を抜け出す事にしました。手荷物は、オムツとミルクのみでした。

◆元山からの脱出

## 神サマ、良健サマ

歩いて歩いて、夕暮れに、どこかの駅で戸板の上で寝ました。朝になったら、満員の汽車に乗り込み、一言も喋らず、息子の手を握りしめていました。日本人とわかれば、すぐに汽車から引きずり降ろされるのです。神サマ、良健サマ、どうぞ助けて下さい、守って下さいと祈り続けました。夜は、朝鮮の木賃宿に泊りました。ドンブリ飯にキムチという食事でしたが、ノドを通りませんでした。息子は歩き疲れて、足が腫れあがり、トイレに行くにも這って行くありさまで可哀想でした。

多分、四日目くらいだと思います。やっと三十八度線を越えたらしいとの事でしたが、最後に待っていたのが、長い鉄橋でした。下を見ると、青い水が渦巻いて流れていました。ソ連兵が、早く行けと手で示します。目のくらみそうな鉄橋を赤ん坊と共に必死で歩いて渡りました。息子は案内人の青年と渡ったと思います。渡り終わった所にアメリカ兵がいて、全身にＤＤＴの粉をふりかけました。皆シラミだらけでした。

翌日、京城の実家に着いた時のうれしさは、言葉では表現出来ません。

娘達も一足先に到着していました。娘達は、朝鮮人青年二人に連れられて、野宿したり、歩いたり、汽車に乗ったり、そして最後の大きな川は、小舟に乗せられ、ムシロを被って荷物の陰に身をかくしての旅だったそうです。七歳と三歳の子が四日以上もよく頑張ったものだと胸が痛みます。

夜中に京城の実家に娘達がたどり着いた時、その二人の顔を見て、どれほどうれしかったかと、夫は亡くなるまで話しておりました。「ちょうど十一月だったんだよ。あの時はうれしかったなあ、良美は泣くだけで、紀美はお父ちゃーんと、とびついて来たんだよ」

京城から釜山までは、私の両親（母は病気中でした）と共に、荷車の旅でした。日本人ばかりなので、日本語を話しても良いのですよと、元気づけられた事を思い出します。

**◆釜山港の光景**　港から博多港、仙崎港へ。［昭和23年7月11日／撮影：三宅一美］

博多港に上陸した瞬間、「ああ、これでもう誰も死なせずに済む」と肩の力が抜けました。夫は三十八度線付近で難民の方々を救済する為、残っておりました。

下関の親戚宅から、天草の親戚香月家（嫁ムコの家）にしばらくお世話になりました。二十一年二月に、夫は博多港に引揚げて来たそうです。迎えに来てくれた夫と二日市の保養所に落ち着いた時は夢のようでした。

五十年経った今、身ひとつでの、それからの苦労はすっかり忘れてしまいましたが、秋が近づくと、今でも心臓が凍りつくような緊張感を覚えます。夫が亡くなったのも十一月十三日、冬を迎えようという時期でした。秋から冬という季節は、今でも私の一番悲しい季節です。

［やまもと　たかこ］

＊平成七年（一九九五）五月刊行　引揚げ港・博多を考える集い『戦後五〇年――引揚げを憶う』から転載し、手紙に関する部分は次女の朝山紀美が今回追記した。

episode 2

朝鮮半島咸鏡南道

# 元山《げんざん》（ウォンサン）からの引揚

## 引揚者援護活動で聖福寮が

朝山紀美

終戦から一年目の昭和二十一年八月十五日に、博多の街中にある聖福寺の片隅にバラック造りの聖福寮は建てられ、この日、新京（現長春）から、四十四人の引揚孤児達がトラックで運ばれて来ました。あらゆる苦難の道を経て見知らぬ故国に辿り着いた子供達。栄養失調でやせ衰え疲れた姿はあきらめきった顔をしていました。当時、博多港には一年でおよそ一三九万人の引揚者が上陸しました。また、その中には、戦争孤児となった一五〇〇人も含まれています。全国で引揚者は六六〇万人と言われています。私の一家も朝鮮半島から全員が引揚げてきました。父山本良健は京城帝国大学の小児科医師で、大学の同士仲間と引揚援護活動に従事していました。荒廃した港の混乱の中、特に栄養失調の孤児達の状況は深刻でした。国に対策はなく、見かねた父達のグループは県に働きかけて、病気や疾病の孤

◆聖福寮でのクリスマス会［昭和23年12月］

児たちを収容する聖福寮が完成しました。

最大の課題は、孤児たちを親身にお世話をする保母さん役でした。この支援を申し出たのが、「婦人之友」誌の福岡友の会の方々でした。

## 「友の会」と石賀信子先生

当時、福岡女学院の教職にあった石賀信子先生のもとに、まず母校自由学園を主宰する羽仁もと子氏からの「引揚者への親類づきあいをはじめたし、ようすしらせ」との電報が届きました。

石賀先生は「福岡友の会」引揚者支援活動で目にした孤児たちの絶望的な姿に教職を辞すべきか悩み抜かれます。そこに福岡女学院の徳永ヨシ院長の「祈って自分で決めよ」のお言葉がありました。次に、羽仁もと子氏の「ぐずぐずしないで一刻も早く始めよ」との伝言が届きます。

この呼びかけに応じた二十代の娘さん達が、全国各地から参加しました。そして石賀先生が保育のリーダーとなり、父が寮長となりました。若い未経験な保母達にも母親に代わる愛情溢れる働きが求められました。自分自身の食料もなく生活も不自由な時代に、見知らぬ孤児たちへの無償の愛でした。

両親にとって引揚後に生活した博多の街は見知らぬ土地でした。生活の基盤の一切無い不安な再出発の中で「福岡友の会」の方々との出会いは孤児達の心と身体の救済を使命とした人間同志の「不思議な出会い」の始まりでした。私達一家は、寮の二階の職員宿舎の一隅が住居になりました。

私も家族の部屋から一階の寮に足を踏み入れ、大人に交じって小さな孤児たちのお世話に加わりました。次々に洗濯されるおむつ、たらいに溢れる水の音、笑い声、泣き声、七十年以上も前のことですが、いつも蘇るものです。

しかし当時の私自身は、一～二年前のことなのに、朝鮮の元山収容所からの脱出のことは覚えていません。常に両親も周囲も、その時のことを話題にしていましたが、あの大変な戦争の歴史の中、いつも家族や仲間が居て当り前である人間も、すぐ側に隣り合わせた孤児達と同じ運命がありました。

## 孤児の成長を見届けたかった

胸に抱いた遺骨を手離さない子、身を守るため皆坊主頭の幼い女の子、幼い弟に口移しで食べさせていた姉と、その弟の死、それらを多く見た若い保母らは各々の悲しみを慰める言葉がないとの嘆きがあリました。未経験であった保母さん達は、懸命な学習と努力で孤児達のお世話をし、目の回る様な大変な日常は、平穏に明るい陽だまりの中であるかのように守られました。全ての行事には周到な準備がなされ、いつの間にか大勢の福岡女学院の関係の方々も加わっていたことを知りました。

多くの友の会メンバーの方々も交替でお手伝いされました。誠実で聡明な女性達の働く姿は、私達子供の心に憧れと尊敬の思いを抱かせました。

◆**病院前で**　左から翁田先生、父山本良健、泉靖一先生、紀美、母高子。[昭和42年秋か43年春]

特に聖福寮に連れてこられる孤児たちは苦難の旅が長く、悲しみも深く病も重い子供達でした。自らも引揚げて不安も抱え、保育医療を早急にと望みました。

この事情は父の報告にもあり、各地の混乱の中、迎えられた孤児に対し、その姿に理解を持たない場では、汚い迷惑との苦情もあったそうです。

孤児達の身体には、短期間であれ、保母さん達の献身的なお世話により、医療の効果が表れました。しかし大体回復すると直ぐに他の収容施設に移され、長期にわたる観察は充分に出来ませんでした。

里子に引き取られる子、身寄りのある子、それぞれ役所から迎えが来ました。成長を見届ける場ではありません。保母さんの方は日常生活の中でさりげなく社会に出る為のしつけを教育します。その後、困らないように身の廻りのもの万端の準備をして送り出しました。便りが途絶えた子等への祈りは生涯胸に秘められました。

## すべての子等は良くなり続けると

昭和五十二年八月一日、かつての聖福寮の子供達と、かつての保母さん方の再会が実現しました。連絡の取れた十四人が全国から集まりました。

「水子の譜」で聖福寮の取材、記録をされた上坪隆氏が多大な尽力をして下さったのでした。父はRKB毎日テレビの上坪氏の番組に永く出演していたご縁で、石賀先生の貴重な資料が子供達の行末を案じ続けていた保母の方々の心に幾筋かの明るい喜びを与えて下さいました。

「神様が、子供を育てる様に私達を選んでお頂けになったのでしょう」と、石賀先生は、あの戦争を引き起こした国民の一人として償いの気持ちから、たまたま外地で負い目を負った人々の傷をいやす役目と。

保存されていた昭和二十二年七月号と十二月号「婦人之友」のコピーが送られてきました。

初めて出会った悲惨な四十四人の孤児達の枕辺で、どんな夢を見ているのか、再びこうした罪なき子等を犠牲とするあやまちを人類が犯すことがないように真剣に平和の道を歩きたい。

概して引揚の子等はみな素直で内地に帰りさえすれば誰かが迎えてくれると希望を持っている。手

**◆聖福寺境内瑞応庵に於いて**
かつての子どもたちの紹介のあと、保母たちの紹介があった。彼女たちもまたこの日のために全国から集まった。石賀信子、内山和子がこの会の準備委員。彼女達はその戦後の一時期どうして聖福寮にかかわったのか、そしてそのことがその後の人生にどうであったか、を語った。

前列左から河原スワ子、山崎邦栄、細野準、上坪隆、山本良健、内山和子、石賀信子。

中列左から福永、古庄和子、名前不明、山本高子、名前不明、岩永知勝、
後列左から（松重）一枝、原友子、柴田（遠城寺）もと子、福本信子、岩永（山崎）邦歌、上山隆久。

［昭和52年８月１日、提供：朝山紀美］

に負えない子は一人も居ない。

子供等が経てきた苦しい道のりが彼らを驚くほど忍耐強く助け合う力を与えた。

すべての子等は良くなり続ける子供であるとの教育信条を羽仁もと子先生から伺い学んだ。

［あさやまきみ］

episode 3

旧満洲奉天省
ほうてん（ムクデン）

# 奉天からの引揚

## 満洲からの引揚、奉天——（コロ島経由）——舞鶴

鹿野純夫

「暴を以て暴に報ゆるなかれ。われわれは日本軍閥を敵とするが、日本人民を決して敵と認めない」（蒋介石総統四五・八・一四於重慶）

終戦と同時に満洲の日本人の関心は、いつ日本内地に帰れるかに向けられた。

国境近くの開拓団など、都市部に避難してきた人達にとって、毎日の生活が不安定で、さらに厳寒を越すことはたいへんなことであり、結局は多くの犠牲者を生み出すことになる。

当時の奉天の日本人の数は一五万人で、戦後流入した難民は一〇万人にのぼるといわれる。（奉天のその他の人口は、中国人八五万人、他五万人）

都市部に住んでいた人達にとっても、混乱のなかでの生活の不安は同様で、街には俄かの商売人や売り食いの人達があふれ始めた。

このような状況のなかで一日も早い内地への引揚が切望された。

連合国側（米・英・中・ソ）が、第二次大戦の戦後処理を協議した「ヤルタ協定」で海外の日本人は、軍・民間ともに早急に日本内地に移送すると取り決められていた。しかし満洲を占領したソ連軍は、日本人居留民会の再三の要請を無視し、それどころか軍人を中心に捕虜として五〇万人以上の日本人をシベリアに送り込み、それから約三年間も強制労働に就かせる暴虐なことをした。

ソ連軍を引き継いだ八路（共産党）軍も引揚には消極的で「民主同盟」なる対日本人工作機関を作り、むしろ技術者や労働者を洗脳定着させ満洲開発に従事させることをもくろんでいた。引揚の実現はとうとう年を越し、翌二十一年春、八路軍と交代した国府（国民党）軍の時代になって、蒋介石のあの有名な「以徳報怨」のもとに、日本人の引揚が開始された。まず生活困窮者を優先して五月から開始され、十月にはほぼ終了したそうだ。

我々の隣組は七月二日に出発した。

この年の春先、私は大病にかかり一ヵ月余り床についていたので、記憶が確かでないが、病気が治り床をはなれたとき「アンズの花」が満開だったが、四月中は高熱に浮かされ意識がもうろうとしていたようだ。

まずソ連軍が引揚を始めた。軍票の価値が日に日に暴落する。まもなく八路軍が奉天を支配する。八路軍の時代が一番治安は安定していたようだ。軍規も厳しく一般市民に迷惑を掛けるようなこと

殷盛を極むる奉天東浪速通り
HIGASHI NANIWA DORI STREET (MUKDEN)

**◆奉天**　殷盛を極むる奉天東浪速通り。［昭和戦前期の絵葉書］

はなかった。しかし日本人の引揚については両者とも消極的だった。

春近く、郊外で銃撃戦の音が数日続き間もなく国府軍が侵入してきた。

日本人の引揚の噂が出始める。同時に日本人の住宅に国府軍の兵隊が「□□大佐接収の家」と云った張紙を軒並みに張る。

つまり日本人が引揚げた跡の財産の所有権の意思表示で、その上にまた上位の軍人が紙を張る。

しばらくすると引揚げるまで日本人と同居を条件に一つの部屋を占拠するようになる。我が家にも引揚の一ヵ月前頃に、大佐夫妻と年ごろの娘の三人がお座敷に入り込んできた。隣の西村さんの家にも夫妻と部下の兵隊が住み込んでいたが、この部下の兵隊に西村さんの妹さんを嫁にとせがまれ困っていた。

引揚が近づくと、なんとなくあわただしい日々が始まる。手に持てるだけの荷物を整理するのが大変だ。父はできるだけ身軽にと、母は帰国してからの最小の生活必需品をといつも揉めていた。結局は母の知恵の方が帰国してから役に立ったようだ。

## 引揚の手続きと食糧の心配

パスポート用の写真撮影が近所の公園で始まる。番号が書いてあるボードを持って五人ずつを撮る。ガリ版刷りのパスポートが各人に配布された。「日僑、鹿野純人」と出稼人扱いである。引揚の途中、それぞれにこれを首から下げていた。予防注射もたいへんだ。何回かに分けて混合注射を打たれる。副作用もひどくコレラの注射の後で発熱した。

出発の日時とコースについてはコロ島経由と分かっていたが、何日目に乗船し、いつ日本に着くのかは一切不明である。約二週間くらいではという。中には一ヵ月掛かった人達もいるとの噂が飛ぶ。途中の食料のことが心配である。当時はインスタント食品もなく、しかも真夏で腐敗しやすい。街頭では引揚者を相手に商売が始まる。軍隊の乾燥味噌、煎り米、中国式のチマキ、羊羹は三〇年腐らぬそうだ。携帯燃料なども売られている。食料のことでは母が苦労してたようだ。船に乗るまで途中で食料を支給された記憶はない。

厚生省の記録によると奉天からの引揚は二十一年五月十三日に第一陣が出発している。婦女子、生活困窮者を優先して引揚が始まった。霞町で婦女子だけが馬車で引揚げるのに出会った。リーダーも若い女性である。一人の女性が酒に酔い喚いている。自暴自棄になるような出来事があったのかも知れない。

見送る人々の「頑張れ！」の声援の中で、キリッとしたリーダーの顔が印象的。「途中、大変だろう」と同情の声がわく。いよいよ明日は出発。二度と帰れぬ我家や近所の風景に愛着を覚える。写真を持ち帰ることもできず、今度の旅行までおぼろげな記憶になっていた。

## 引揚の朝……昭和二十一年七月二日、北奉天駅で所持品検査

早朝まだ暗かった。荷物と我々を乗せる馬車が表の通りに並んでいる。この一ヵ月くらい前から国府軍の大佐一家が、お座敷に住み込んでいた。

出発の準備をしていると、大佐が起きてきて、家族に千円ずつ合計五千円をくれる。中国の紙幣で日本に持ち帰れず、途中の買物もないので遠慮するが、無理やり握らせる。実は、その前に一つのトラブルが起こっていた。日本人の知人が遊びにきたとき、野球のグローブをやったところ、大佐がとがめて「この家の財産は全部自分のものだ。君達が引揚げるときにお金を支払う…」といったやりとりがあった。それで出発の朝、お金をくれたようだ。どうせ帰らぬ我々なのに律儀なことだ。

やがて荷物と一緒に「北奉天駅」に向けて出発。今夜から何処に泊まれるのか不安がよぎる。荷物は手に持てるだけで、大人も子供もよろめくほどに背負っている。汽車に乗り込む前に中身の検査がある。ぎりぎりに詰め込んだ物を出し入れするのはたいへんだ。

父母も自分の荷物で手一杯で、子供の分まで手が回らない。検査が終わり荷物を詰め込むとき、隣

の人のが紛れ込みリュックの蓋が締まらず困る。中国の兵隊が検査をするが、大人には「誰のお蔭で帰国できるのか」と問う。

隣の西村さんが「蒋介石閣下のお蔭です……」と答えている。

噂では写真や地図など怪しいものを持っている者が一人でもいると全員が引き止められると聞いていたので、検査が終わるとほっとする。無蓋車に乗せられコロ島へ向けて出発。

途中の天候は良かったが皆声を潜めてうずくまっていた。貨車の側壁は大人の背丈ほどあり、景色を眺める余裕などない。時々徐行をしながら進む。夜、駅らしい所で一時停車、外で騒ぐ中国人で不気味。翌日、コロ島に着く。

## コロ島の収容所

汽車を降りて収容所までかなり歩かねばならぬ。それぞれリュックが重く子供達が泣き出す。大人も手を差し延べる余裕がない。

高台にある兵舎跡らしい建物に着いた。乗船までここに何泊したのか覚えていない。外のカマドでご飯を炊くのがキャンプのようで楽しい。あたり一面に野菊が咲き、花を摘むのに夢中になって、射殺すると警告されていた鉄道にぶつかり、あわてて逃げたこともある。

コロ島の当時の写真を手にいれた。昭和四十五年、毎日新聞社から発行された『在外邦人の引場の記録』に載っている。この引揚の記録の内、満洲関係は飯山達雄氏が撮影したものである。我々がコロ島から乗船した頃、日本からコロ島経由で奉天まで潜行して数々の記録写真を撮ったものである。七月上旬という説明と、コロ島の港で日本の駆逐艦が写っているのから判断して、私達とはコロ島で擦れ違っているようだ。

飯山氏は戦後、博多に引揚げてくる満洲からの人々の惨状を見て「記録に残すべし…」と危険を顧みず引揚船に乗り込み潜入したそうだ。コロ島の桟橋で乗船を待つ引揚者、日本の駆逐艦、リバティー型貨物船、上陸用舟艇、兵舎跡の収容所、併せて奉天の東本願寺での孤児の写真など貴重な記録である。現在、当時の満洲引揚の記録写真として、新聞・テレビに登場するのは全て氏の写真で、厚生省に保存されているようだ。明治三十七年生まれ、最近のテレビでも元気な姿を拝見した。

## リバティー型貨物船で帰国の途へ

いよいよ出発となり桟橋に向かう。我々が乗船する米国の貨物船と上陸用舟艇、船腹に日の丸を描いた日本の駆逐艦二隻が停泊している。駆逐艦から盛んにモールス信号が送られ気忙しい雰囲気である。乗船前にＤＤＴの消毒と荷物の検査がある。隣の西村さんは検査の兵隊にライターを進呈、めぼしいものを物色している。さあ！　乗船だ。タラップが不安定なのとリュックの重みで歩けない。船員がひょいと抱えてくれ無事に乗船できた。この船は「戦時標準型貨物船」で七、〇〇〇トン。当時は珍

◆リバティー型貨物船　提供：モデルシップの会（制作：田中 亨）

しい溶接船で、戦時中に輸送船として大量に生産されたという。急造の階段が船腹に続いている。それぞれ貨物甲板に自分達家族の場所を確保し落ち着く。

早く満洲を離れたい。これが皆の気持ちである。一度乗船した組がトラブルでもう一度下船させられたという噂があり、とにかく早く船が出ることを願っている。出港して間もなく停船した。皆、不安げに船員に停船の理由を聞いている。日本への上陸は一週間経過しないとできない。時間調整のため停泊していると説明があったが、もっと沖合で泊めてくれと大人が本気で頼みこんでいる。早く遠くへ……の願いが、満洲への思いを吹き飛ばしている。やがて船は再び動きはじめ、日暮れ前に遼東半島の端にさしかかる。

旅順二〇三高地が見える。ここまで来ると皆の気持も落ち着き、二度と帰れぬだろう満洲を懐かしむゆとりを取り戻していた。遼東半島のシルエットが消えるまで見送る。

戦後外地から引揚げた日本人の数は六六〇万人にのぼるといわれる。軍人が三〇〇万人、他が一般人となっている。満洲からの引揚者は一〇〇万人と記録されている。

敗戦という悪条件の中で、これだけの人々が比較的短期間に引揚を完了したことは、奇跡と云われている。これは、我々も乗船した「リバティー型貨物船」の活躍による。戦中、米国の軍事物資を輸送していた船のおかげで引揚が順調に進んだわけだ。

この船には昭和四十六年にサンフランシスコで再び出会うことができた。港外に数百隻のこの型の船が繋留されていて、輸送船としての役目を終えてスクラップになる運命と聞いた。

## 船内の模様

船員に最近の日本の状況を聞いたり、逆に終戦後の奉天での恐怖の体験を話す。しかし日本人の船員に皆の気持は安堵感に浸っているようだ。船内の食事は豊富で、お粥の注文もできる。風呂も自由に入れる。ここで母の偉さに感服することになる。甲板の炊事場から毎日大量の米俵が海に捨てられる。俵にまだ米が残っており、それに目をつけた母は船員に交渉して捨てる前に米を集めることにした。ほかの人達も真似を始めたが、日本に着くまでにメリケン袋半分くらいを集めていた。

これが日本上陸後、我が家の命綱となった。このことだけでなく随所に母の強さを見せられる。

甲板で日光浴をされていた横川さんが印象に残っている。氏は父と同じ電業に勤務されていて、家も近くてよくお付き合いをしていた。戦後なにかのトラブルに巻き込まれ自宅の応接間でピストルで腹部を撃たれた。引揚まで傷も癒えず、鹿児島に帰国後間もなく亡くなったと聞く。

今回の旅行で家の写真を撮ってきているが、ご家族の消息は分からない。同じ年のすみ子さんという子供がいた。日本に着けばそれぞれ故郷に向けてばらばらになる。互いに住所の交換をしていたが、戦後の混乱のなか次第に疎遠になり、今では近所の方々との交流はない。

東シナ海では海も穏やかだったが、済州島を左手に見て玄海灘に入ると大きく揺れ始める。ひと晩、船酔いに苦しむ。翌朝、右手に日本の山並みが見えはじめる。皆、甲板に出て美しい日本の姿に歓声をあげる。船は一路舞鶴港に……。

## 舞鶴港入港、上陸

湾内に入る。美しい島々を縫うようにして船は進む。満洲の風景と比べ目をみはる思いだ。一つの島に引揚船が乗り上げている。湾内で機雷に触れ、緊急に島に座礁したそうだ。一瞬緊張する。船は岸壁を目前にして停泊する。伝染病予防のため、入港しても一週間は上陸できぬ。ここに何泊したのか覚えていない。もう日本に着いている。誰もあせる人はいない。船内に、日本各地の五万分の一地図で戦災の模様が掲示されている。父の里、八女は田舎で大丈夫だった。母の里、久留米の家も辛うじて戦災をまぬがれている。

戸籍を復活している人もいる。シベリヤ拘留の途中、逃亡して偽名で引揚げたそうだ。明日上陸と決まった夜、甲板でお別れ演芸会が開催される。

乗船の時と違って皆の顔は晴ればれとしている。岸壁でまたＤＤＴの消毒。荷物を調べるアメリカ兵は穏やかで、写真を大量に持ち込んでいる人がいたが、とがめる様子もなくニコニコしながら写真を手にしていた。ソ連兵に漂うような恐怖感は微塵もない。引揚援護局の施設にひと晩泊まることになる。久し振りの畳の匂いに感激。風呂もありがたかった。一人千円ずつ日本円への両替が行われる寺。インフレ防止のための制限というが無茶な話である。まずは、父母共に家族揃って帰れたことに安心した風情だ。しかし一方、これからの生活のことを考えると胸の内は苦しかったのではなかろうか……。明日は父の郷里福岡に向かう。まだ舞鶴からは相当の距離がある。この汽車の旅で「飢えた日本列島」の実態を知ることになる。

## 郷里へ……腹をすかした汽車の旅

舞鶴を出発し京都・大阪で乗り継ぎ、つぎの日の深夜に羽犬塚駅に着くまでの汽車の旅である。途中、大阪で貰った弁当は「草パン野菜」の詰め合わせで食べられたものではない。外に食物を買おうにも何もない。駅前で売られている五円のアイスキャンデーだけだ。

◆忘れられない割烹着の婦人

ここで母が船の中で蓄えていた米が役に立つ。京都での乗継ぎの合い間に駅裏の旅館に頼み込み、半分を進呈することで巻き寿司を作って貰った。母の生活の知恵である。

一息ついたが、このご飯もやがてなくなる。汽車には外にも引揚の人達が乗っており、途中で知人から食物を差し入れて貰っている。

羨ましい！　こんな思いをしたのは初めてだ。

まさに飢餓列島、まだ満洲のほうがましだった。郷里に落ち着いてからは祖父母達も健在で、食べることに困ることはなかったが、あとで当時の日本の食糧事情を聞くと、引揚列車での飢えも致し方なかったようだ。

日暮れ近く関門トンネルをくぐり抜ける。

門司駅で炊き出しのおにぎりを一個貰った。大豆が混じったご飯でほんとうにおいしかった。

今でも北九州市に行くと「引揚者の皆様、お疲れ様……」の横断幕とおにぎりを差し出された割烹着の婦人を思い出す。

深夜、羽犬塚駅に着く。豊太伯父さんが迎えにきてくれていた。外の家族はその夜本家に泊まり、私だけは祖父の待つ蒲原に帰った。豊太伯父さんの自転車で暗闇を蒲原の家に急ぐ。

七月十四日、奉天を二日に出発して十二日目に無事郷里に着く。

蒲原の家には我々のために蔭膳が据えられていた。（昭和六十一年三月記）。

［かのすみお］

＊平成七年（一九九五）五月刊行　引揚げ港・博多を考える集い『戦後五〇年―引揚げを憶う』から転載

episode 4

北帰行

朝鮮半島南部慶尚南道

# 鎮海《ちんかい（チネ）》からの引揚

波多江興輔

父は朝鮮半島北部の沙里院、母と姉妹は京城在住のため、何とか迎えに行けないものかと、博多の海軍武官府へ赴き、朝鮮行きの艦船に乗せてくれと毎日のように懇請を続けるが、博多に集まった朝鮮人の送還にさえ船腹が足りず、とても無理だと言う。事業服に雑嚢姿でいつでも乗船できる用意をして連日陳情しているうち、ようやく九月二十日過ぎ鎮海向けの海軍徴用船に乗ることができた。船には私と同様な理由の復員学徒兵数名が乗っていた。

鎮海要港部で主計大尉に事情を話すと、親切にも、米に不自由していない日本人の宿を紹介してくれたうえ、当面の食糧まで用意してくれた。米軍がまだ進駐していなかったのが幸いであった。紹介された宿を訪ね、家族のため部屋と食糧を予約したところ、どうせ持って帰れぬ食糧だから心配なく

◆**鎮海**　鎮海桜馬場の桜並木［昭和戦前期の絵葉書］

という心強い返事であった。

勇躍汽車に乗り込んだ。混乱の最中、無賃乗車である。乗客のほとんどは朝鮮人、心なしか彼らの目が異様に思えてならない。

この二月、電測学校へ行くため同じ鉄道を南下した時に比べ、敗戦後の今の惨めな姿、何と変わり果てたことか。この「聖戦」は一体何であったのか。取り留めのない空ろな思いを乗せて列車は京釜線を北に向かってひた走る。

家族はどんなにか心細い思いをしていることだろう。治安は、仕事は、学校は。不安と期待の複雑な思いでようやく天安駅に着いた。あと二、三時間で京城だ。窓外には異常に陸軍の兵隊が多い。

この調子ならまだ大丈夫と一安堵した途端、憲兵腕章に「貴方は復員の日本人でしょう。日本軍は天安付近まで撤退しているから、これより北は身の安全を保証できない。ともかく一度降りてくれ」と強引に降ろされた。鉄道関係には親戚も居るので、長距離電話を掛けても「日本人はもう居ない。日本語はわからない」と敵意むき出しの応答である。

思秦・困惑していると「オイ、波多江ではないか」という声。びっくりして振り返ると、京城高商時代の韓国人同期生N君であった。地獄に仏とはこのことだ。彼は、一里くらいはあるが俺の家に来て泊まれ、と好意を示してくれたが、帰心矢の如き私の胸中を察してか、天安市内の日本人の宿屋を紹介してくれた。この宿の主人は、その服装では怪しまれるからと背広を贈ってくれ、また、N君は万一の場合を慮って、京城まで同行すると言ってくれて、強力な助っ人を得ることになった。

途中は、幸いにも嫌疑を受けることなく、いよいよ京城を目前にした漢江手前の鷺梁津駅に着いた。打ち合わせどおり、N君は正面の改札口から出て行った。私は駅の反対側に飛び降りて駅から離れて行った。駅付近には心配した保安隊の姿はなく、幸運にも無事道路に出ることができた。N君は五〇メートルほど離れて、私を見守りながら先行してくれた。

次の関門は漢江に架かる人道橋である。彼の目にも安堵の色が窺える。言葉を交わすこともできないまま、万感の謝意を目に込めて橋の手前で別れた。橋に近付くと米兵が一人、衛兵のように突っ立っているではないか。初めて見る米兵である。乾パンを噛みながら何食わぬ顔をして直前を通過した。お咎めがない。ホッと一息つきながら、早く渡り切らねばと気持ちは焦る。落ち着けと心に言い聞かせる。また、橋の内側に立っていた米兵の前を何とか無事にすり抜けて、思い出深い京城市内の竜山地区に入ることができた。

◆漢江にかかる人道橋

案に相違して市内には、帰国準備にせわしく動き回っている日本人が多かった。電車には日本人は乗せてくれないので、徒歩でまず南山中腹の叔父の家を訪れた。

## 肉親との再会

帰国準備で家中大忙しであったが、無事を喜び一泊を勧められた。

翌早朝、近道をはやる心で家へ急いだ。自宅手前、博文寺前の坂道に差し掛かった時、正面に昇り始めた朝日をみて心は躍った。この日はちょうど、旅順入隊のため家を離れて一年目であった。

病臥していた母や姉妹は、驚喜して起き上がってきた。終戦以後は、近くの城壁内に聞こえる銃声におびえる毎日であった由。病身であったもう一人の姉は、私の任官前日に既に死去していた。

取りあえず写真類と最小限の荷物を取りまとめ、家と家財および後事を近くの朝鮮人に託し、京城駅前の長姉の家へ移って引揚列車を待った。残留する親戚とは、再び迎えに来ることを約して、準備のできた親戚を含め第一陣十三名が、詰め込まれるように貨車に乗った。

引揚列車とはいうものの、貨車であるから、トイレもない。高く積み上げられた荷物の上に、折り重なるようになって引揚げは始まった。惨めな姿である。

途中、三浪津で客車に乗り換える時には、あまりの混雑に、窓を割って乗り込ませる一幕もあったが、この時、大事に持ってきた写真の梱包を見失った。何とか鎮海に到着、全員を用意した宿に収容した。

ひと休みして、再び京城に向かった。今度は少し自信がついていた。十月になると急に冷気が募る。貨車に乗ったり、凍える手に一命を託して、石炭車と貨車の間にぶら下がったりしながら、今度は京城駅の中まで乗り込んだ。勝手知った貨物駅口を素知らぬ顔で通り抜け、長姉の家へ向かった。姉の家族と残っていた親戚の一部が合流した。

今度の引揚は客車であった。途中、強盗まがいの者が金品を巻き上げているという噂を聞いた。何回も停車を繰り返した挙句、とうとう秋風嶺付近だったか、無心組がやってきた。「日本人などを乗せる列車ではないから降りろ」と言っているらしい。来るものが来たかと皆は恐怖に顔色を失った。

姉が、結婚祝いに米人の宣教師から貰ったミシンの頭を大事に携行してきたが、まさかの用意に義兄がその経緯を英文でしたためておいた。図らずも、これが英語の読めない彼らに効いた。目的を達しないまま捨てぜりふを残して去って行った。列車は再び動き出した。

鎮海の宿に、一族総勢で引揚船の到着を待った。ボロ船が着いたのは十月も半ばであったと思う。連日のごとく掃海の機雷爆破音が聞こえていたので不安はあったが、米軍の厳重な荷物検査を受けて船上の人となり、翌朝、九州の山並みを遠く望んだときは、疲れも一度に吹き飛ぶ思いであった。

緊張は一気に解かれたが、これからの生活を考え、朝鮮半島北部に、ただ一人残った父のことを思うと、心はまた沈むのであった。朝鮮の同期生の献身的好意が、我々親族一同を救ってくれたといっても過言ではない。仇を恩で返してくれた友情は一生忘れることができない。

［はたえ こうすけ］

＊平成七年（一九九五）五月刊行 引揚げ港・博多を考える集い『戦後五〇年──引揚げを憶う』から転載

episode 5

# 京城《けいじょう》（キョンソン）からの引揚

朝鮮半島南部京畿道

中原尚子

## 父帰る

「お母さん、お父さんが帰ってきた」。私の大きな叫び声に驚いて母や妹（森下昭子）が飛び出して来た。それは終戦の翌年、昭和二十一年五月のある暮れ方のことであった。家族の皆が北朝鮮に残してきた父の安否を気遣い、この九ヵ月の間一刻も脳裡を離れず夢にまで見た父の姿がそこにあった。痩せて一回り小さくなった父に縋りつき泣いた。

終戦の混乱は首都京城（ソウル）からの日本軍隊撤退に始まり、ついで食糧の配給が打ち切られ、敗戦国の民として韓国人の蔑視に耐え、財産奪略を狙う暴徒におびえ、祖国の保護を失った民の心細さは筆舌に尽せるものではなかった。

この不安な生活の中で肩を寄せ合い息を潜めていた母と二人の妹、姑と四人の子供を助けに来てく

◆**京城**　朝鮮総督府。［昭和戦前期の絵葉書］

れたのは、当時、海軍中尉の弟（波多江興輔）であった。内地で復員した彼は作業員を装い、韓国人になりすまして京城に潜入してくれたという。闇でやっと手に入れた切符で京城脱出の矢先「日本人は乗車させぬ」と切符を取りあげられ、やむなく駅のホームで野宿、他の駅員から二倍の金額で前の切符を買い戻してようやく乗車、鎮海という軍港に着いた時は虎口を脱した思いで一同へたへたと座り込んでしまった。そこにはまだ日本海軍の部隊が駐屯していたので、弟の世話で海軍の船に乗ることが許され、博多港に着き、やっと祖国の土を踏むことができた。

ひとまず父の故郷糸島郡前原町郊外に落ちつき、翌日から主人と弟が交替で、何時帰るとも知れぬ、いや永久に帰らぬかも知れぬ父を博多埠頭に迎えに出るのが日課になったが、折悪しく主人が風邪で休んだ日、父は一人で家族の許に帰って来たのであった。朝鮮半島北部の黄海道で行政官をしていた父は、終戦と同時にソ連官憲に拉致され三日間調べられ釈放されたが、宿舎の玄関まで帰った時、終戦と共に逃亡先の海外から戻った元の政治犯に捕えられ、未決のまま海州刑務所に十ヵ月近く監禁されていた。当時立派な社会人となっていた昔の教え子達がそれを知り、お金を出し合い父の身柄を貰いうけ、一夜歓待した後、金と身の回りの品を贈られ、「またいつの日かお会い出来ましょう」と固い握手をして別れたが、伝統的な儒教思想を受継いだ韓国人の報恩の心情には深く感激したそうだ。

引揚者の団長として昼は山に伏し、夜に入り磁石を頼りの三十八度線脱出行は並々ならぬ苦労であったろうが、古武士の風格の父は、ついに当時の苦労話を繰り返さなかった、

その父も逝って三十二年、戦後も五十年、かつてない平和の中に戦争を知らぬ世代が増えてその悲惨さは忘れられつつある。中国孤児の悲劇が報ぜられるにつけても、四人の子供を無事に連れ帰れた私は他人ごととは思われず胸の疼きを覚える。私も米寿に近く、残された人生も先が見えて来た。今、父をしのび子を想い、声を張りあげて戦争反対を叫びたいと思う。戦いは勝者にも敗者にも悲劇をもたらし、その悲劇はいまも終わっていないのである。

冬山の翳して嗚呼祖国なり
子の眠るソウルは遠き雪の国
玉音に身のうち貫くいなびかり

**◆朝鮮半島の形をした入道雲にハングル文字**　右上から左下に下にかけて「カムサハムニダ　アンニョンケシプシオ」(感謝します。ありがとうございました) と。

鵙猛り敗戦の民おびやかす
かまつかの火もて追はるる国敗れ
敗戦の民とし飢ゆる稲の秋
長き夜や飢えて泣く子に国敗れ
冬ぬくく親日家より米届く
敗走の兵をかくまふ夜寒かな
しぐるるや韓に身を置く山河なし
時雨に発つ今は異国に父残し
野に伏して夜は秋冷の石となる
祖国へと漢江越ゆる稲の秋
着ぶくれて彼我の混み合ふ釜山駅
鎮海はまだ兵のゐて冬ぬくし
着ぶくれて帰国長蛇のあとに蹤く
鷹の眼におびえて引揚げ荷を曝す
甲板に雑魚寝の夜寒頒ち合ふ
着ぶくれて一歩を印す博多港
冷まじや焦土と化せし爆心地　［なかはら なおこ］

＊平成七年(一九九五)五月刊行　引揚げ港・博多を考える集い『戦後五〇年―引揚げを憶う』から転載

episode 6

朝鮮半島咸鏡南道

# 恵山鎮《けいざんちん（ヘサンジン）》からの引揚

遠藤美都子

## 敗戦と引揚

戦後五十年、あの敗戦直後の混沌としたなか、朝鮮北部在住の私達日本人は悲惨そのものでした。八月十五日、母は現地で病死していまして、当時残されたのは父、兄と私の三人家族でした。鴨緑江の向こう岸には旧満洲国があり、朝鮮との国境の町、恵山鎮で終戦を迎えました。

終戦が紛れもない事実であることを思い知らされる逃避行へと進まざるを得ない事情で、日一日と厳しさが増すばかりでありました。着のみ着のままで、リュックサックを背にし持てるだけの荷物を持ち、二～三十人の集団で、恵山鎮から逃げるように去りました。

車という車はなく、老人も幼い子供たちも南へ南へと、ひたすら歩き続けなければなりませんでした。

ある時は、暴徒や外国兵を避けるため、山岳地帯の夜行軍も強行されたし、野宿もしばしばでした。

次第に食料も乏しくなり、農家に立ち寄っては物物交換した事もあって、荷物は空になっていきました。並んで歩いた列もいつしか長く細くなり、心身ともに疲労の色を隠せなくなりました。日本に帰国するまでと、お互いに励まし合い助け合って、やっと咸興まで全員無事に到着しました。それは秋も深まる十月のことでした。

咸興は難民で一杯でした。私たちは狭い一部屋に何世帯も一緒に暮らす窮乏生活でした。家族が揃って帰国出来る日を待ち望みながら、私は少しでも家族の助けになればと、朝鮮人の銀行支店長のお宅に住み込みで働きました。それは、悲惨なものでした。

## 父と兄が亡くなり一人ぼっちに

年が明けた一月の中頃、咸興を出発するとの知らせがあって、私たちは咸興府中央街一丁目の収容所に集結しました。最大の難関である三十八度線を突破して、日本に帰国できることを待ち望んでいたのです。朝鮮北部の冬は長く、きびしい寒さの続く中での収容所の生活はまことに辛いものでした。食糧不足からくる飢餓と栄養失調がひどく、それに追い撃ちをかけるように伝染病、とくに発疹チフスが大流行したものです。そして一緒に行動した友人がバタバタと死んでゆきました。

その中で父が死亡し、その父を追うかのように、一緒に寝ていた兄が急に容体がおかしくなりました。医師に「強心剤を打ってください」と願ったが「もう、だめだ」と医師はその場を立ち去りました。

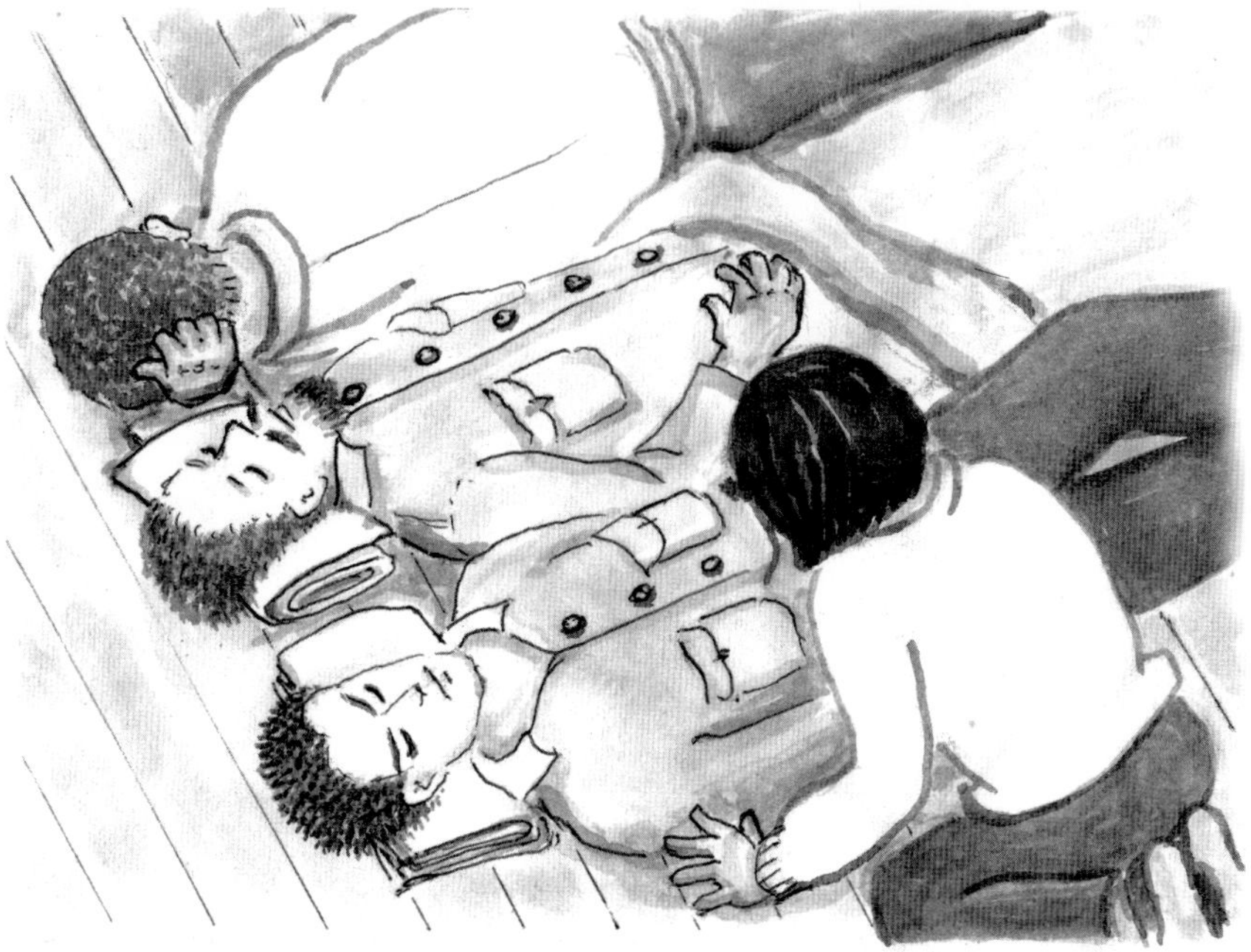

◆父と兄を咸興の収容所で看取る

兄のなま暖かった身体は次第に冷たくなり、最後は氷のように冷えてきて、静かに息をひきとってしまった。その時の惨さは忘れることができない。あまりの事に私は気を失ってしまった。

幾日経ったのか、気がつくと病院のベッドの上であった。両方の腰骨は赤く腫れ上がり、化膿した上に床ずれがひどくて大いに痛んだ。

父と兄の遺骨は見当たらず、一体どうなったものかと、噂によると死体は「菰」に包まれ、荷車に山積みされて運び出し、一つの大きな墓穴に次々と投げ込まれ、それをカラスが群れてついばむとか、悲惨な死に、惨さが重ねられる異常さが、戦争のもたらす事実でした。

## 聖福寮で

一年二ヵ月余りの長い逃避行の後、やっと博多港に上陸、丸坊主の頭にもシッカリとＤＤＴが散布され、着のみ着のままの惨めな姿でした。トラックに乗せられ到着した所が引揚孤児収容所「聖福寮」で、ここに入所することが出来ました。やっと日本に帰ったことを確信でき安堵の気持ちで一杯でした。

聖福寮では山本良健先生はじめ石賀信子先生らの諸先生方が、日夜、私たち孤児のために親身になって、心身両面にわたってお世話頂きました。入所当初、髪に虱がいたり、疥癬が出て見るも不潔な私達をきれいに洗って傷の手当てもして頂きました。明るい電灯の下での食事は楽しく心安らぐ時でありました。初めて食したさつまいも入りの御飯の美味しかったことは忘れられません。

食事は四回食で充分の栄養がとれ、日一日と身体も回復、少しずつ話も出るようになりました。勉強が遅れていることを心配して、九州大学のお兄さんから国語、算数を教えて頂きました。音楽の時間もあって、みんなで楽しく賛美歌を歌うこともでき、楽しい聖福寮生活でした。

聖福寮生活は、身元引き取り人が来るまでの三ヵ月間ではありましたが、見る事、聞く事がすべて新鮮で、先生方のお仕事をしていらっしゃった後姿を見ながら多くの事を学ばせて頂きました。十二月末、叔父に引き取られる事となり、先生方とは思いを残しながらお別れしました。

戦争は、人間の体験しうる極限の怖しさ、苦しさ、悲しみの凝結であり、この世の最大の不幸です。このような戦争が二度と起こらないように願うと共に、本当の平和な世界になるようにと願わずにはいられません。

［えんどう みつこ］

＊平成七年（一九九五）五月刊行　引揚げ港・博多を考える集い『戦後五〇年―引揚げを憶う』から転載

episode 7

朝鮮半島北部咸鏡北道
せいしん（チョンジン）

# 清津からの引揚

永井千夜子

## 羅津から清津へ

私は、一九三四年（昭和九年）朝鮮北部羅津《ナジン》府宝来町で生まれました。姉・兄・私・妹二人の五人兄弟でした。当時、祖父がいくつもの店を構えており裕福な家庭で恵まれた生活を送っていました。父はそれをいい事にあまり仕事をせず、芸者遊びもしていました。祖父は父を自立させようと清津の三菱に入社させ、私たち家族は引越しをすることになりました。昭和十六年、清津国民学校に転校しました。

二年後、通学は防空ずきんをかぶり、敵機来襲の時は草むらなどで伏せをしました。学校では教育勅語の暗記やナギナタの練習、防空壕を掘ったり避難訓練をしました。家では電球一つの白い傘に黒いカバーをかけていました。その下で雲母をはぎ、学校に持っていくと先生は棒グラフにして競争さ

◆**羅津**　羅津末広町一丁目［昭和戦前の絵葉書］

せました。時には、クラスごとに山へ行き桔梗の根掘りをしました。

マラリアが流行り兄と私が罹りました。

## 父の入隊、疎開そして敗戦

空襲が激しくなり、父は二度目の入隊となりました。父は千人針を持ち、何百人かの人達の先頭に立ち号令をかけていました。婦人会の人たちの「日の丸」の旗に見送られて足音高く召集されていきました。残された女・子どもたちは家を守り、バケツリレー等の訓練をしました。家の前の防空壕には保存食などを用意し、防空壕の上には畑を作り野菜を植えていました。キュウリやトマト、時にはナスも生で食べました。

Ｂ29の空襲にそなえて、いつでも逃げられるように洋服を着たまま眠ることもありました。

昭和二十年八月の始め頃、「疎開してください。急いで急いで」とマイクで慌ただしくお触れがまわり、私たちは母に連れられて持てるだけの大切な物を持って誘導されるがまま山の方へと登り、後を振り返ると通ってきた道の家があちこち燃えていました。みんなでため息をつきました。登るのに懸命で、荷物を一つ二つと捨てながらみんなで励ましあって逃げました。息を切らしながら登り下ると、そこには貨車が待っていました。

車両はずいぶん長かったと思います。すでに大勢の人が乗っていました。夕暮れだったかもしれません。ぎゅうぎゅう詰めで苦しかったのを覚えています。やっと動き出し、どのように着いたのか思い出せませんが、山の中の社宅のような感じの家をあてがわれました。こうして集団生活が始まりました。食事はお鍋を持って六人分を配給してもらいました。

八月十五日は父の誕生日です。母は地元（朝鮮）の人に頼んで二羽のカシワ（ニワトリ）のお腹にご飯を詰めて蒸したものを用意してもらい、父不在の誕生祝いをしました。

その日、ラジオを聞くようにとおふれがあり、ラジオのある所に集まりました。よくは聞きとれなかったのですが、大人の様子は唖然としている人、むせ返す様に泣きじゃくっている人といろいろでしたが、戦争に負けたんだということはわかりました。そしてもう家には戻れない。日本に帰るんだ。大変だと思いました。

朝鮮人はお祭り騒ぎで喜んでいましたが、日本人は哀れでした。

## 現金盗難

母は着物の帯をほどいて帯芯で大きなリュックを二つ縫って「九州熊本県」としっかりした字で書きました。その時、帯の中に縫い付けていた現金を見せてくれました。大金でした。子ども達に少しずつ分けて持たそうかと思ったそうです。でも身に着けていたら危ないかもしれないとリュックの中に入れたそうです。そして荷物が重たいからとリュックも荷馬車に預けました。みんながそうしたのです。それが、目的地に着いた時には現金はありませんでした。母はお金がなくなって途方にくれていました。逃げる時、近くに住んでいた私の友達は、叔母さん一家と一緒に逃げました。きっと叔母さん達は違う方向に逃げたと思います。私たちはお金がないため出発できず、みんなと別れてそこに留まりました。他にも留まった家族はいました。母がどのような段取りをつけたのかわかりませんが、何日かしてそこを発ち、どうやって移動したか覚えていませんが、咸興という町に移りました。咸興が大きい市だったのかも定かでありません。

## 咸興《ハムフン》でのこと

咸興に着くと別れ別れになっていた人たちに再会しました。「生きていたのねえ。」と久しぶりの出会いを喜びあいました。以前、叔母さんと一緒に逃げた友達とも再会しましたが、様子が変わっていました。「ダワイダワイ」と食べ物をもらいに行っていると噂を聞きました。親と離れ、少しひねくれた様子で笑顔も消えていました。

初めの避難所は学校の講堂だった気がします。板の間に配給のわら敷布団一枚と掛布団一枚に五人が寝ました。知り合いのおじさんと兄、私と妹二人。

母と姉は夜になるとどこかに隠れました。年頃の女や娘は夜は講堂にいませんでした。髪を短く切り、顔にはヘグロを塗りました。ヘグロとは薪を燃やすとお釜の底につく黒いススのことです。

夜になるとロシアの兵隊が、フシャフシャ言いながら来ました。皮のブーツの様な物を履いているので足音も怖い。マッチを擦る音がする。頭元で足音が止まる。布団をめくられ髪の毛がチリチリと焼ける。「マーリンキ、マーリンキ」と聞こえる。去っていくまで生きた心地がしませんでした。毎晩来て貴金属を取っていく。持っている人は隠す。それでも見つけて持っていく。取られた人は泣く。どうやら下っ端の兵隊が悪いことをしていて、ばれたら上司に叱られているらしいと噂が流れました。

何ヵ月か経ったある日、知り合いのおじさんが「うーん」と伸びをしたかと思ったら、生温かいオシッコをしてカクンと亡くなりました。悲しか

◆**咸興**　万歳橋。［昭和戦前期の絵葉書］

ったしびっくりしました。あっちこっちでたくさんの死人を見たり聞いたりしました。明日はわが身、毎日のように死人が出るけど、どこへ連れて行くのだろうと思い聞いてみました。「さっさとゴザにくるんでトラックに積み、山の方に大きな穴が掘ってあって投げ込むそうよ」とのことでした。それからある日、学校の友達も昨日まで一緒に日向ぼっこをして、シラミつぶしをしていたのに栄養失調で亡くなりました。私もだんだんと痩せていきました。

母は、私達を助けるために

「江崎の奥様」と呼ばれていたプライドを捨てて、物乞いをする決心をしました。私はいつも一緒でした。母は、片言の朝鮮語で子どもが五人いることや食べ物に困っていることを訴えていたと思います。たいていは何かもらえましたが、シッシッと追い返されたこともありました。「明日もおいで。今日はこれしかないので」と言ってくれる人もいました。母はもらい上手と、みんなから思われていたと思います。でも持ち帰ると、部屋のみんなにも必ず分けてあげていました。私は「母ちゃん、よそのおばさんたちは私たちにくれないよ。あげなくていいのに」と言うと「そうお」と言って、やっぱりあげていました。

吉岡さんという家族は女の子が二人いて、清津で一緒でした。おばさんは身体を悪くして寝込んでいました。ある日「江崎さん、お世話になりました」と布団をかぶったまま、か細い声で言うので母が「アラッ!」と布団をはいで見たら、首に寝巻きの紐を巻きつけていました。母はあわてて止めました。子ども達が帰ってきて、そのことを知り「お母さん、明日まで待って。明日になったら私たちの分も全部食べさせてあげるから。明日まで待って」と泣きました。部屋にいたみんなで泣きました。食べる物さえあればと泣きました。みんな汚れてお腹をすかせ「ひもじい、ひもじい」と言いながら泣きました。

それから間もなくのこと、母、兄、私、妹の四人で出かけて帰ってくると姉と妹の二人がいません。部屋の人に聞いたら、ロシア人が収容すると連れて行ったとのこと。もう二度と会えないと思いました。その日のうちに、私たちも違うところへ収容されました。みんなバラバラに収容されたので、吉岡さん家族のこともわかりません。ヨボヨボになって寝たきりの老婆が一人ベッドにいました。「私は到底日本に帰ることはかなわない。あなた達の無事を祈っている」と別れました。悲しい別れだったのを覚えています。

行った先は、病院でも旅館でもなく、逃げ帰った人たちの後で寮のようでした。ベッドがあり、一つのベッドに二人ずつ寝ました。一部屋には男性もいました。元兵隊さんだったらしいです。四家族で住みました。食事は少しましになりましたが、私は立って歩くこともままならなかった。そんな時、思いきって壁をつたって外へ出てみました。お天道様のまぶしかったこと。目を開けていられないほど。うす暗い所にいたからか……私はまだ生きていると思いました。あの時の感動と感触がなぜか忘れられません。母が高熱を出した時、二、三度「千夜子、もうみんなで死のうか」と言ったことがあります。私はその都度「イヤ」と言いました。だから私は頑張りました。姉も身体が弱かったし、私が一番強いと思っていたから。

ロシア人に連れて行かれた姉と妹が、元気に私たちの収容所へ会いに来ました。顔もふっくらしていました。ご飯に油をかけて食べさせてくれると言っていました。私達もそちらへ行けたら良かったと思いました。

事件がおきました。時々パン三斤ぐらいが倉庫からなくなるらしい。子どものいる母に疑いがかかりました。母は死んでも人様の物に手をだすようなことはしないと断言しました。私達も、母は絶対にそんな事はしていないと訴えました。でも生か死かの時だったので、何日か疑いをもたれ苦しかったです。本当につらい日々でした。でも犯人が日本の兵隊さんだった事がわかりホッとしました。昼間は枕にして夜中に食べていたそうです。私たちは、枕パン事件と言っていました。

姉と妹が戻ってきて、また一緒に暮らしました。

私は稲刈りの後、イナゴを捕り瓶に一晩漬けておいて、それを揚げて売りに行きました。落ちている物、燃える物、何でも拾いました。「コウリャンだんご」を作り、市場の片隅で立ち売りもしました。これは親切な朝鮮の人の協力があってできたことですが、オンマー（朝鮮語で「お母さん」）と母とでだんごを作り、私と兄が売りに行きました。隠れて売りました。保安官に見つかると叩かれ没収されました。一度恐ろしい目にあいました。「母親をつれて来い」と言われ、罵られた上に没収されました。後の仕入れができなかったからか、オンマーに迷惑がかかるからか、立ち売りはやめになりました。タバコを巻いて売ったこともありました。市場で黄色みがかった大根の葉を拾ったら、この時も兄と二人でしたが、罵られて叩かれて取り返されました。

「日本に帰ったらリンゴをたくさん食べさせてあげるから我慢してね」と大根をかじりながら、母はそう言いました。「我慢してね」ばかりでした。咸興で半年以上過ごしました。

## 山中を何日も歩いて

引揚列車が出るらしいとの噂があちこちで聞こえだし、みんなで喜びました。ところが、姉の足にできた大きなできものが化膿して、姉は「私をおいて行ってよい」と言いましたが、置いては行けない。母はみんなで死んでもよいと思ったのか留まることになり、静まりかえった広い場所へ戻りました。私達は姉の足が治るのを待って咸興を出ましたが、やはり大勢でした。どこかわかりませんが、山の中を歩くことになりました。先頭は兵隊さんが誘導してくれました。続いて歩くように、見つかると危ないので静かに歩くように、赤ちゃんは泣くので連れて行けません。山の中を何日も歩きました。時々休み、リュックからお米の炒った物を少しずつ食べました。この時も他人に分けていた母が恨めしかったです。

行列の中でも私たち家族は一番遅い方でした。追いついたかと思うと先頭は出発してしまう。苦しく必死でした。泣きそうでしたが泣いていられない。子どもの中で私が一番重い荷物を持っていたと思います。途中、小さな子がいなくなっていました。迷惑をかけるからと、どうにかしたらしいです。かわいそうでした。井戸があっても水があっても飲まないように言われていたので我慢しました。

## 三十八度線から釜山、そして博多港へ

三十八度線は、胸のあたりまで水に浸かって、手をしっかりつないで流されないように渡りました。大人たちは、荷物を頭に乗せて渡ってくれました。みんなで助け合い、渡りきった所でみんなホッとし、安堵の笑みを浮かべました。三十八度線を渡ったら、もう安心と聞いていたのでとても嬉しかったです。

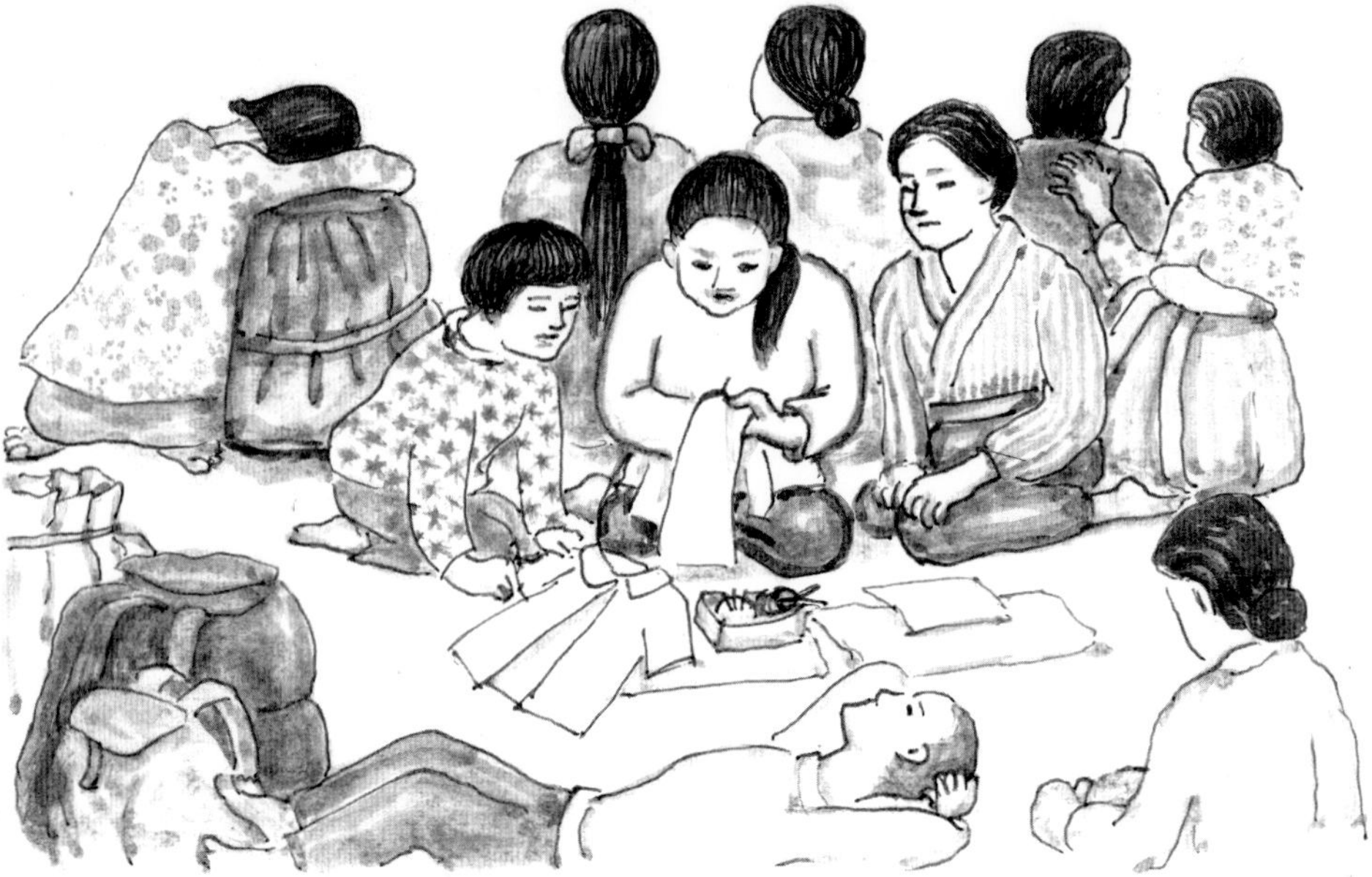

◆引揚船の中で

釜山のどこかのお寺に連れて行かれました。そこでも母に連れられて物乞いをしました。みんなで分けて食べました。

何日かして、釜山から大きな引揚船に乗り込みました。船がなかなか進まないと思ったら、遺体を海へ葬っているらしいと聞きました。

姉は船の中で五人分の半袖のシャツを縫ってくれていて、下船の際に着替えました。下船後、母は港で引揚の手続きをしました。

列車で熊本を通った時、ホームから「ご苦労様でした。ご苦労様でした」と大声で大勢の大人たちが出迎えてくれました。汽車の中も満員でした。熊本から三角へ。船に乗り換え水俣へ。そして大矢崎へ。水俣で次の船の時間待ちをしていたら親切な方に出会い「家へおいで」と言ってくれてご馳走になりました。生き返った気持ちになりありがたかったです。

港から馬車にずいぶんと乗りました。実家が近づく途中、親戚の家の前を通り、母は時々人の名前を呼びながら泣いていました。

実家に着き、婆ちゃんと母の妹も一緒に出てきましたが、ポカンとしていました。いくら「イサヨです」と言ってもわかってもらえず、「気の毒だけどお門違いばい」と言うのです。しばらくしてからやっとわかってもらえました。馬車引きの人も一緒に泣いていました。

昭和二十一年六月十一日、こうして私たち六人の引揚は終わりました。

## 訃報

後日、「お気の毒ですが、江崎さんは戦死されました」とわざわざ父の死を伝えに来てくれた兵隊さんがいました。どこかでまだ半信半疑でありましたが、母は「戦争に反対できなくて、こんな目にあわせてごめんね」と五人を並べて謝りました。

しかし、父は、昭和二十一年十月二十日に引揚げてきました。

［ながい ちやこ／文責・松本千峰（長女）］

◇

母の体験記を基に加筆・修正しました。昨秋、思い切って母と私の妹の三人で博多を訪れ、「すずらん会」を知り、山本千恵子さんを紹介していただき、この度、投稿のお誘いをしていただいたことをうれしく思います。母は現在八十六歳。おぼろげな記憶ですが、母の子どもの頃の体験が一部分であっても残せたならと思います。

episode 8

旧満洲黒竜江省
はるぴん（ハルビン）

# 哈爾浜からの引揚

村上百合子

## ハルピン引揚の情景

戦後五十年、記憶がだんだんうすれていくのをどうしようもない。昭和二十一年八月二十三日、生まれ育った中国ハルピン市を家族六人で出発した。

長春の収容所で二週間、錦州の収容所で二週間、博多沖について二週間の碇泊。引揚港博多に上陸できたのは、すでに秋が訪れ十月も十日すぎた頃だったろうか？　初めて見る祖国日本は広大な中国大陸に比べるとまるで箱庭のようだった。うすれていく記憶の中に、いくつかの強烈な情景が浮かび上がってくる。

敗戦の翌年、ハルピンはソ連軍の占領下から八路軍（中国共産党）の占領下へと入れ替った。

それから間もなく、日本人は祖国日本へ帰ることになるという噂が飛び交い、日本人の社会は急にあわただしい動きをみせはじめ、街の公園では木々の間にロープを張り、和服が所せましとぶらさげられて、旅費つくりのためのバザールが連日にぎわっていた。

予防注射も実施されはじめた。運わるく、その注射のため私は連日高熱が続き、腸チフスのような症状が続き、食欲もなくやせ細っていった。

庭にゴザを敷き、引揚荷物が運び出されると、それを待っていたかのように、どこからともなく人々が現われ、家に残ったものを奪い合うようにして持ち去っていった。あっという間の出来事だった。その中には中国に永住するという日本人もいた。

出発時間を待っている時、一人の青年が父のところに「自分も日本に連れて帰ってくれ」と哀願していた。引揚が始まる直前、国共内戦のため破壊された線路工事に、隣組から男の人を徴用に出すことになり、父の身替りになって出てくれた人だった。男手を失うことは一家の生計が成り立たなくなるので、収容所の開拓団からの避難民に依頼していた。

我が家には七十近い祖母もいたし、病人の私もいたので父は心ならずも断っていた。その青年の絶望した表情をいまだに忘れることはできない。無事日本に帰れただろうか？

ハルピン駅頭ですさましい検閲？にあった。十四、五歳ぐらいの女学生が大勢、日本人の荷物をあけ、目ぼしいものはとりあげていくのである。まげをほどかせ、おにぎりまで、割って宝石などの有無を調べるやり方だった。みんな無抵抗だった中、母は奪われた体温計を取り返しに行った。

道中、破壊された線路づたいに八キロの徒歩連絡があった。八月とはいえ炎天下、黙々と行列は南をめざした。私は高熱のため雇った中国人の背にくくりつけられていた。一行からはぐれたら大変と、眠らないよう必死で目をあけていたのを覚えている。

兄は道中かさばる荷物を捨てた。ちりがみ一枚でも捨てたい心境だったのだろう。それを姉がひろって自分の荷に加えた。男のくせに意気地がないと言いたくもなる状況だった。その兄は九ヵ月後、結核で十九歳で亡くなった。

祖母は事前に、信玄袋の自分の荷物を背負い毎日歩く練習をしていたので、気丈に歩き通し、無事、日本に帰りついた。

長い収容所で、しかももうすぐ乗船という頃、父が会社の同僚に五百円貸しているのを私は見てしまった。家族が一日二食に耐えているというのに。「必ず日本に帰ったら返しますから」とぺこぺこ頭を下げていた。勿論、返される事もなかった。

стань. Китайская ул.
ハルピンの最も繁華なるキタイスカ

**◆ハルピンの最も繁華なるキタイスカヤ街**
松浦商會前の雑踏。［昭和戦前期の絵葉書］

◆学生援護会の学生さんからいただいた赤い林檎

## 引揚港博多に上陸して

引揚後、父はロシア語の通訳として、ナホトカ・大連航路の引揚業務に従事した。毎日、乗船名簿を見て、知人、親戚をみつけると調理人に頼んだ職員の残飯をにぎって、届け、大変に喜ばれたと話していた。

コロ島からの船中の食事は一日二食だった。動くとお腹がすくので、みんな船室にゴロゴロと横たわっていた。唯一の楽しみは歌謡大会だっだ。上陸間近という時、何十日ぶりかの入浴の機会が与えられた。しかし、おろしたばかりのズックを履いていかれてしまった。

博多に上陸し、倉庫のような所で一泊、大濠公園近くのかまぼこ兵舎で一泊、あとはそれぞれの原籍地へと向った。駅で学生服をきた学生援護会の大学生が一人ひとりに林檎を「ご苦労さまでした」と言って手渡してくれた。赤い宝物のような林檎だった。

あちこち、転々とした後、父の仕事の都合で福岡に落ちついた。そこで私は、はじめて侵出の歴史を学び、自分の故郷について語れなくなったのだった。

過去をたち切ること、新しく生まれ変わることを心に課した。博多は私にとって第二の故郷となった。

［むらかみ　ゆりこ］

＊平成七年（一九九五）五月刊行　引揚げ港・博多を考える集い『戦後五〇年――引揚げを憶う』から転載

episode 9

朝鮮半島全羅北道
ぜんしゅう（チョンジュ）

# 全州からの引揚

村松雅枝

## 全州から釜山、そして博多港へ

当時私は二十六歳。六月末に母となったばかりである。その年の八月十五日正午の玉音放送を境に彼我の位置がひっくりかえった。彼の地で財を築いた人達は、大金を投じて船をチャーターし、個人引揚を始めた。しかしその結末についてはいろいろの噂が飛んだ。「日本に着いたよ」と言われ、喜んで上陸したら、何処とも知れぬ海中の孤島だったのに、船は荷を積んだまま逃走してしまったとか。また、嵐に会い転覆、一人生き残ったご主人は発狂したとか。我が家ではそんな金もなく、国の計画輸送に従うと、初めから決めてその日を待った。

九月、十月と時が経つにつれ、「某さんが殺された」「某さんの家は投石でめちゃめちゃになった」「今まで威張って朝鮮人をしぼっていた巡査や資産家はどんどん報復されていくよ」などと、ひそひそ声の話が広まり、日本人の心理的動揺が高まってゆく。

しかし我家には、彼の地の人が入れ替わり立ち替わり、何だ彼だと持っては訪れてくれる。それでも昼間は親日家とみられたら後がうるさいからと宵闇まぎれに来訪し、賑やかな夜が続いた。

正直言って、当時の日本人には朝鮮人蔑視が当然のようにあり、私もその一人であったことを告白しなければならない。しかし夫には、全くと言っていいほどそれがなかった。純真なだけに生徒はそれを敏感に受けとめ、親の喜びともなっていたのであろう。人間としての愛と信頼は国家も政治も遥かに越えて育っていくことをしみじみ味わった。

これについては後日談がある。それから二十五年後、一人の教え子が、ひょっこり我が家の玄関に立ったのである。お互い音信不通であったのに、彼は仕事で来日するたびに文部省から各地の教育委員会へと我が家の消息を尋ね続けた。「村松先生は先生以外の何者にもなっているはずがない」と信じていたからと、学校筋で捜し当てたという。彼は当時貿易関係の実業家となっており、朴大統領からも信頼されていたようである。「ぜひ一度、韓国の教え子たちに顔を見せに来て下さい」と言って、期日自由の航空券二枚を置いていった。旅行嫌いの主人も、後にも先にも唯一回の海外旅行というものを、その半年後にしたわけである。感激の再会だった。随行した私は、教育の原点をそこにまざまざと見る思いがした。

さて、全州引揚げの通達はなかなか来ない。が、隣組組織はまだ機能していて、予防注射も実施され、引揚者心得なども回覧された。帰国に際しての所持金は一人二千円のみ。もし隠し金が発覚したら、

◆腰につけた座布団

その人の属する班の連帯責任とし帰国は許さない。荷物の方は持てるだけ持ってよい、などとあった、何を持ち帰るかは大問題だった。

我が家には立派な家財道具はないが膨大な書籍があり、学校に寄付できるなら一番よいが、既に日本語は御法度である。どうしたものか案じていたら教え子の一人が「日韓講和の日まで自家の地下室に預かる」と言って、馬車とリュックで何度も往復して運んでくれた。しかしそれも五年後の朝鮮戦争で焼失したらしい。

十二月一日朝。いよいよ出発と決まった。私は赤ん坊専任ということで、上の図のような格好。思いつきで大いに効力を発揮したのが、お腰につけた座布団である。どこに腰かけても防寒防湿。紐をほどけば赤ん坊の褥ともなって。

全州駅頭では彼の地の人達が多勢見送りに来てくれて感激したが、乗り込んだ列車は家畜輸送車。屋根はあったが、窓もトイレもなく、嫌な臭いのする床にすし詰めに座らされ、別れの感慨にふける暇はなかった。

釜山までが遠かった。途中トイレ停車で降りた時、危うく置いてゆかれそうになった。かけつけた貨車の床は高い。上から主人が引っ張りあげようとするが、地をけった脚は空を泳ぐばかりだ。車は徐々に速力を増してくる。車中の人が騒ぎだし誰かが梯子をみつけて吊り下げてくれたのでやっと助かった。家畜列車はゴットンゴットン進みながら時々エンコする。すると世話役の人が、皆から金を募っては交渉に行く。やっと動きだすが、またしばらくすると止まる。これを何度か繰り返して翌日の昼頃、釜山に着いた。釜山での検閲は米人はむしろ親切だったが、朝鮮人の婦人係官は冷たい表情で赤ん坊に着せていた晴着の衿を剃刀でスッと切った。よくここに金や宝石を隠しているのを摘発しようとしたらしい。関釜連絡船名がわからないのだが、乗り込んではじめて朝鮮を離れる感慨がわきおこってきた。姑は朝鮮で結婚し、主人は朝鮮で生まれ育った。全州師範学校付属小学校に奉職し「青年教師の熱情を傾け尽くして」と、後日教え子から評されたように生きていた。私は結婚・出産と、こっちの方に比重がかかり、その頃の生徒との交流は今もない。

十二月三日。博多沖へ到着。四日上陸。埠頭倉庫で検閲・消毒を受け、さてこれから京都の姉の所へ行くのだが、駅はどっちとうろうろしていたら、姑がまっ青な顔になりうずくまってしまった。とりあえずどこかで休ませたいと辺りを眺めていたら、学校らしい建物が目につき、ひかれるようにこちらへ行った。大浜小学校だ。教頭先生がおられて「どうぞ今夜は宿直室へお泊りください」とのこと。やっぱり我家の救い主は学校だった。

その後五十年。教師として福岡へ根を下ろした生活がそこから始まったのである。［むらまつ まさえ］

＊平成七年（一九九五）五月刊行　引揚げ港・博多を考える集い『戦後五〇年―引揚げを憶う』から転載

episode 10

# 旧満洲吉林省 琿春《こんしゅん》（フンシュン）からの引揚

## 引揚の博多港に平和記念像、資料館の建設を

泉　静子

昭和十七年、私が十八歳の時、戦火が厳しくなり女学校も中途で行けなくなりました。しかし学校だけはどうしても行きたいと思っていましたので、タイプライターの学校に六ヵ月通いました。その中で私ともう一人が試験に合格し、一人は北京へ行き、私は旧満洲の牡丹江の関東軍に就職しましたが「父死ス」の電報を受け、関東軍を辞め内地に帰る仕度をしましたが帰れず、知人を頼って満洲製鉄に入社し通化という所に配置されました。

二年ばかりして「長く居るところではない」と思いはじめたころ、同じ製鉄の人事課の課長さんから故夫、泉を紹介され結婚し、主人の家で一ヵ月くらい過ごしました。が、昭和二十年四月に主人に召集が来ました。残された私は大家族の中で生活が出来ず、家を出て兄の居る吉林省の琿春という

◆着物がわりのゴザ

ころに行き、兄と一緒に生活をしていて終戦をむかえました。満軍から終戦の知らせがあった八月十五日の午後六時三十分には立ちのきの命令が出て、着の身着のままでリュック一つをもって出ました。その時軍手に塩をいっぱいつめました。琿春から山奥の開拓団のところまで十四人くらいで歩かされ、やっとの思いで開拓団に着きました。そこには十六～七歳ぐらいの子どもたちが五十人ぐらいいました。

その子たちは義勇軍と言っていました。

その義勇軍は米を作っていたようで、満洲人が「米をくれ」と言ったのでしょう。ところが義勇軍の隊長が米倉庫に火をつけ焼いてしまい、それで怒った満洲人から清龍刀で両手両足まで切られました。その一人を四人でしばらく担いで歩いてきたが、琿春近くで息をひきとったそうです。また開拓団の人たちは進むたびに着物を一枚づつ剥ぎ取られ、男の人は裸同然で、揮春に着いた頃は九月に入り、寒くてたまらずゴザを拾い着物かわりにしていいました。

琿春の山奥で開拓団の人たちと落ち合ったところに、また吉林へ行けとの命令で、着物がわりのゴザを纏い寒さの中を歩き続けました。吉林の広いダムの水源地に着いた時、そこには満洲軍兵とソ連兵がたくさんいました。水源地は鉄の柵がはられ、その中は、あちこちから歩いてきた人たちで山のようになり、何万人位いるかわからないくらいでした。柵の中は何もない青空の広い野原で、出入口は閉められ、夜も不安と恐怖で眠ることはできませんでした。女の悲鳴を今でも私は忘れることはできません。またその時のことを書くのはとても辛いことです。けれども平和を願う思いで続けます。

悲鳴に怯え殺されるのではないかと思い息を殺していました。ソ連兵に若い女性が強姦されていると分かっていても相手はソ連兵だからマンドリンという肩から提げる機関銃を持っているので、皆どうしようもなく、なすがままにされなければなりませんでした。

恐怖の一夜を明かし、吉林駅から無蓋車に乗せられ、新京に着いて、通化路満洲炭業社宅で引揚命令が出て、昭和二十一年六月一日まで暮らすことになります。

新京からまた無蓋車でキンケンまで行き、着いた所は馬小屋。ここで一ヵ月ぐらいを暮らし、昭和二十一年七月頃やっとコロ島から船に乗ることができました。船はアメリカの輸送船でV七〇号でした。

博多港に着いたのが七月二十四日でしたが、開拓団の人たちが乗っていた別の船から赤痢が発生したため、私たちの乗った船も沖に一ヵ月くらい泊められました。命からがらに逃げてきて日本の地をまだ踏むことのできない歯痒さを隠せませんでした。上陸が許され、タラップを降りる時はホッとしたものです。私は長男をおぶっていたので同年配ぐらいの女性が話しやすかったのか、後から話しか

**◆吉林**　古の都、吉林市街全景。［昭和戦前期の絵葉書］

けてきました。その人は、吉林の水源地でソ連兵に強姦された人を白衣を着た方のところに連れて行き話をされたそうで、「二日市の軍の病院に連れて行くから心配しないように」と言われたとのことで、私も安心し、また皆と一緒に歩いて松原寮で一泊し、翌朝キップと千円をもらい、皆別れ別れになりました。

その後の私にも色々な事がありましたが、二度とあの悲惨な戦争はあってはならないと思います。そんな思いで引揚のことを書きました。

引揚の博多港に平和記念像、資料館建設の運動は私たち引揚者にとってどれだけ心強さを与えたことでしょう。終戦五十周年の今年にその目処も立ちました。それもこの運動に参加された皆々様のご努力のお蔭だと思います。また、私の拙いこの文章が平和を願う人びとの資料にお役に立ちますならば幸いです。

［いずみ しずこ］

*平成七年（一九九五）五月刊行　引揚げ港・博多を考える集い『戦後五〇年―引揚げを憶う』から転載

episode II

旧満洲吉林省

# 新京《しんきょう》（シンチン）からの引揚

上村陽一郎

## 疎開先・奉天で敗戦を知る

私たち家族は、旧満州・新京（現在の長春）の羽衣町という日本人居住街に住んでいました。両親と私を頭に妹二人、弟も二人いましたが、下の弟は一九四三年に病死していました。父は銀行の総務部長で、暮らし向きは良かったようです。

ところが、戦争が急変して、父が徴兵され、一家の柱が不在となりました。

終戦も間近な日、新京は危ないということになり、奉天（現在の瀋陽）に団体で疎開しました。落ち着き先はお寺の暗い納骨堂で、私は当時小学校三年生でした。

奉天に来て数日たった快晴の朝、上空に飛行機が飛びはじめ、それが落下していく光景が目に入りました。何が起きているのか理解できずに大人たちに聞くと、日本は戦争に負け、そのため兵隊が飛

**◆新京での家族写真**　左から父、次男、長女、私、三男、母。［昭和18年頃］

行機もろともに爆死をしているのだというのです。

そこにいた私たち数人の子どもは、大人に向かって「そんな馬鹿なことはない！」と口々に抗議しました。日本は負ける戦をしないと教えられていた私としては、晴天の霹靂という気持ちでした。

## 再び新京、そして父の復員

奉天は危険だということで、再び家族で新京に戻りましたが、そこにも殺伐とした雰囲気が漂っていました。駅構内には地元の人たちがあちこちにたむろして、我々日本人に憎悪の視線を投げかけていました。私たちは幸いにも以前のままで残っていた町内の自宅に戻ることができました。その後、

◆父母

大人たちが鉄条網で町の周辺を囲い、子どもたちは町内から出ないように注意を受けていました。

自宅に戻って半月ばかり経った晴れた日の朝、突然父が戦地から戻ってきました。九月一日でした。父は、町の周囲に張ってあった鉄条網の外に立ちすくんでいました。窶れきって、ぼろぼろの支那服を着て、召集されたときの颯爽とした軍服とはほど遠い姿でした。奉天近くで部隊が解散し、自宅にたどりつくまでには、いくつもの波乱を乗り越えてきたそうです。生存さえ定かでなかった父の復員は、家族に喜びと生きる力を与えてくれました。奇跡に近い出来事でした。

今まで通学していた西広場国民小学校が日本人の住む地区から外れたところにあり、治安上危険であるとのことで、新京の繁華街にあった室町小学校に通うことになりました。しかし、日本人に対する中国人の憎悪が露骨になり、いつどこで仕返しを見舞われるかわからない状況でしたので、そこへの通学も緊張の連続でした。学校も、戦時中の「忠君愛国」教育からうってかわって、童話のような本を先生が読み聞かせるだけの日々でした。ある時などは、教室に入るなり先生から「すぐに帰宅しなさい。校門からは危ないので、校舎を囲っているレンガ塀の隙間から這い出して、できる限り早く家に着くように」と言われ、友人数人と恐怖に慄きながら逃げ帰ったこともありました。

## ソ連軍の進駐と駐留期の生活

昭和二十年八月九日のソ連対日参戦以来、満洲国境を越えての侵攻がはじまり、八月十九日には、ソ連兵が新京市内に駐留を開始しました。

私たちの住む町内の住居も何軒かが没収されて彼らが住みはじめました。彼らは規律も服装もだらしなく、上官らしい兵隊も四六時中ウオッカか何かの酒を飲んでいるのか、乱暴のし放題でした。泥酔した兵隊たちが徒党を組んで、マンドリン銃を繁華街の雑踏の中で乱射して死傷者が出たり、泥酔した将校が、酒の瓶を火の中に放り投げて、彼らが占拠していた洋館から火災が起こった事件もありました。

日本人の独身女性は、短髪にして男性の服装をしていないと危険だと言われていました。多くの女性が強姦などの被害を受けていたとの噂が私たち子どもにも聞こえていました。

中央大通りに面した一画に彼らの本部と思われるビルがあり、入口には二名の番兵がいました。日本の軍人のように直立不動しているわけではなく、ただブラブラと立っていました。彼らの周囲にはいつも食べ散らかしたヒマワリの種が散乱していました。持ち場を離れられないソ連兵が、私たちのような子どもに中国人の屋台へヒマワリの種を買いにやらせ、彼らは種を一つずつ口に入れると、器用に殻を奥歯で割り、実だけを口の中に残して、殻を外に吐き出すのでした。お使いした子どもに片手に載るくらいの分量の種をくれる兵隊もいました。兵隊がするように、実だけを口に残して殻を上手く飛ばせるようになることが、仲間うちで自慢になりました。そのように子どもとして個人的に接しているぶんにはソ連兵に不安を感じませんでした。

ソ連の兵士が駐留していたときは、町内にいた母親たちが、端切れの布に、ちょっとした飾りを刺繍したハンカチを作り、私たち男の子が、それを街に売りに行き、そのお金が生活費の一部になっていました。ソ連の兵士は鼻紙を持たず、ハンカチで鼻をかむためによく売れました。

この頃になると食料なども不足し始め、白米などは全く食べられなくなりました。父親たちがどこから手に入れていたのか知らないのですが、野菜や豆腐などをリヤカーに乗せ、売りに行ったりもしました。

また、ソ連兵が扇動した中国人の暴徒が、日本人が経営していた大きな商店などを襲撃して金品を収奪する事件が頻発していました。私たちはその暴動が鎮まった後に出かけて行き、店に残った品物や食料品（といっても、ほとんど無駄なものしか残ってはいなかったのですが）などを戴いて（むしろ盗んでと言うべきか）家に持ち帰りました。

約三ヵ月ほどして、ソ連の兵士の姿が突然見えなくなりました。新京市から撤退したのです。

私たちは、この一年間は学業が全くできない状態でした。もっとも子どもとしては、通学も勉強もしなくてよく、周囲の過酷で悲惨な状況が十分に把握できるほどの年齢でもなく、ある種トム・ソーヤの冒険のような気持ちで毎日を送っていました。

## 八路（共産党）軍と国府（国民党）軍、激しい市街戦

ソ連兵の撤退後、数は少なかったですが、市内に八路軍が見られるようになりました。彼らは軍服ではなく一般の満洲人の冬の服装をしていました。大人の話などでは、彼らは市街地で略奪をしたり日本人の婦女子に暴行を加えたりもしなかったと聞いていました。中には日本軍の残党らしい様子の軍人もいて、日本語で話しかけてきたそうです。彼らは偵察隊であったのか、一週間ほどで姿が見られなくなりました。

次に入れ替わって、二月初旬、国府軍が新京への進駐を始めました。

彼らはお揃いの軍服を着用していましたが、正規の国民党の政府軍ではなかったそうです。

それから約二ヵ月後の四月には、八路軍が再び活動を始め、四月十四日の白昼に市街地の我々の住居からかなり離れた場所で銃声が聞こえはじめました。翌十五日からは家からもっと近い市の中心街

AT FRONT YARD OF STATION, HSINKING.
（新京）驛前の景觀（前方は滿洲旅館福順棧）

◆**新京**　新京駅前の景観。［昭和戦前期の絵葉書］

で国府軍と八路軍の銃撃戦が始まり、約三日間激戦が続きました。

銃声が終日聞こえるだけでなく、流れ弾が住宅の中にも落ちてきました。手で触ることができないほど熱かったことを記憶しています。また、自宅の裏通りでは、負傷した兵士を担荷で運ぶ姿も目の当たりにしました、我々の住む町内は鉄条網で囲われていて、その中までは兵士が入ってこなかったため、銃撃戦に巻き込まれるのは避けられました。

十八日には、八路軍が大同広場に侵入して国府軍が市外へ退却したそうで、戦闘が一度は終結しました。市内は、一時的に八路軍の支配下に置かれたのです。

銃声が鳴りやみ、市街地が平静を取り戻したことを確認して、私たち子どもは数人で、町内にはり巡らされている鉄条網の隙間から恐る恐る中央通りまで出てみました。通りの側溝には銃弾や薬莢が無数に転がっていました。大通りを渡り、向かい側に行ってみると、あちこちの路地や狭い道路に、兵士の屍体がいくつも横たわっていました。

ある兵士の手には、家族の写真が握られていました。また、何度か行ったことがあった可愛いチョコレート店の前の街路樹の一本には、店を営んでいた上品な白系ロシア人のご夫婦が首を括られてぶら下がっている姿を見て慄然としたことを今でも思い出します。この悲惨な光景に、言いようもない悲しい気持ちで、その場を立ち去りました。それでも、好奇心に駆られて中央警察署あたりまで行ってみると、署の玄関前には、子どもの背丈ほどの塹壕が組まれていて、その周囲も、銃弾と薬莢、そして屍体で目を背けたくなるような情景がありました。

私たちは家へ戻る途中で、銃弾と薬莢をいくつかずつ拾い、家へ持ち帰ったりもしました。子どもにとっては、格好の遊び道具になったのです。

国府軍は、八路軍の攻撃で敗退していきましたが、五月二十日頃に、再度新京に進入してきました、今回は米軍装備の本隊で、軍服も鉄兜もダブダブな物を身につけて、中央通りを行進していた姿が記憶に残っています。再度、新京は国府軍の支配下に置かれて、市内は平静さを取り戻しました。

## 食糧事情の悪化と父の連行、引揚の準備

しかし、食料はますます不足して、主食の白米や麦などは全くなく、当時の地元民が常食していた

と言われる紅色の高粱飯となったり、その後には家畜用の高粱のお粥になりました、この高粱米は、食べるとすぐに下痢になりました。かなりの栄養失調が始まっていました。

また、父が、国府軍の将校たちに連行されたこともありました。銀行の金を庭に隠しているとの密告があり、数人の軍人と地元の人が、我が家の狭い庭を掘り起こしていました。しかし、そのような隠し金は出ませんでした。その後、父の下で働いていた、王さんという銀行員が父の無罪を証明したそうで、釈放されて帰宅しました。父は、異国の人でも差別したりする人ではなく、王さんも私たちが帰国するまで、面倒を見てくれました。

新京を離れる前には、王さん一家に、私たち一家を自宅に招待していただき、食べ物のない我々は素敵な中華料理を食べさせてもらいました。久しぶりに満腹した時でした。自宅を離れる時には、家財道具一切を、この王さんに譲りました。王さんの広い家には、数人のお妾さんが住んでいたのですが、彼女たちは皆、纏足という小さな足をしていたのを思い出します。

この時期から日本人の引揚団が、民間の有志者たちにより編成され、奉天経由で、コロ島を目指し、そこから船で帰国ができると聞きました。

おそらく協和会や隣組などの家族で構成された団体（約二十五名）だったのでしょう。新京から脱出を希望した最後の他の団体と合流をして引揚げることになりました。

引揚ができるという知らせを受けた時から同じ町内に住んでいた親族の二家族の母親と私の母が我が家に集まり、背嚢を作りはじめました。背嚢の色はアズキ色をしたテントのような強い布でした。

これから起こる無惨な逃避行などは知る由もなく、皆で楽しそうに作業をしていた光景は今でも思い出します。母は我が家に二個の背嚢を作りました。また、家族が離ればなれになった時の非常食として「灰汁まき」を作りました。それは、今市販されているような上品な「ちまき」とは違い、濃い茶色でかなり癖の強い香りのする食べ物でした。各人がこの灰汁まきを笹の葉に包み、風呂敷に入れて腰に巻き、携帯する準備をしました。引揚時は、装飾品などは持ってはいけないと言われていたようで、写真も十枚まででした。金銭はいくら持参したのか知りません。二つの背嚢は、わずかな着替えと末っ子のおむつや薬品などを入れて、父と私が担ぎました。

## 新京出発

父母の記録によると、一九四六（昭和二十一）年九月十九日、それぞれが悲痛な思いを抱いて自宅に別れを告げました。家族みんなでトボトボと歩き、新京駅に着きました。

新京駅で私たちを待っていたのは、石炭や牛馬を運ぶ、板一枚の囲いもない無蓋貨車でした。国民を守ってくれるはずの関東軍と満州鉄道の幹部社員は、すでに自分たちの家族と脱走・逃走していましたから、鉄道の機関手も居らず、いつ列車が出るのか知れないまま、無蓋貨車に乗って出発を待ちました。多くの人は無口になり、待ち続けました。

どのくらい時間が経ったかわからないのですが、列車は出発しました。駅もない途中の原野で何度も停車を繰り返しながらの旅でした。原野に人が落ちたら最後なので、持参していた背嚢や手荷物などで貨車の周りを囲い、人はその中に輪をつくっていました。匪族や盗賊に遭遇しないかと不安でした。奉天駅に着いたのは、二十日でした。そこで列車を乗り換え、コロ島北駅から徒歩で埠頭へ辿り着いたのは、二十一日のようです。

私たちが辿った無蓋貨車での経路は、当時の普通列車では約三時間二十六分。奉天駅からコロ島までは三時間。普通の旅行なら一日の行程に三日近くかかったのです。

## コロ島滞在から、船で祖国へ

乾パンも残り少なや秋夜汽車

九月二十二日から二十八日まで一週間ほどコロ島の海岸に滞在していました。乗船を急ぐ帰国者が溢れるようにいました。着の身着のままで、衣も下着も汚れきって縫い目にはシラミがゾロゾロと這い回り、皮膚は至る所、ノミや南京虫に刺されていました。

父の遺稿となった俳句によると、持参した食べ物は、灰汁まきの他には乾パンがあったようで、それも底をついていたようです。ほとんどの人が栄養失調状態となり、私もすでに骨と筋だけの身体になっていました。私の家族も帰国できるのかどうかと不安を抱え、背嚢を囲んで一箇所に固まっていました。末の妹は、まだ乳離れをしていなかったので、母は大変だったと想像します。

コロ島の埠頭近くには、そのあたりに居留し先に帰国した日本人の空き家が宿舎として準備されていて、旧満州各地から到着した家族から部屋割りされました。地区の政府や近隣住民が、高粱・粟・トウモロコシなどの食糧を差し出してくれました。

九月二十九日、帰国する船が筑紫丸と決まり、乗船をしましたが、船底は、引揚者が足の踏み場もないほどのすし詰め状態でした。人の蒸れるような臭いが鼻をついていました。あの異臭は忘れられないでしょう。

長崎県佐世保市浦頭港へ着いたのは、乗船して十五日後の十月十三日でした。

「着いたぞ！　日本だぞ！」の大声を聞き、甲板へ辿り着き、大人たちの隙間から前方を見ると、緑の山が展望でき、その美しさに目を奪われていました。私は、思わず自分の腕を抓っていました。「夢ではない、現実だ！」思わず呟きました。佐世保の港を目の前にして、涙を流しながら手を合わせている人の笑顔も忘れられません。

［かみむら　よういちろう］

◆満洲から持ち帰った背嚢［能古博物館蔵］

＊観世広氏刊行『ものもうす』八九・九〇・一〇〇号に掲載文を加筆改訂して掲載。

episode 12

朝鮮半島慶尚南道
ぷさん（ブサン）

# 釜山からの引揚

三宅一美

## 父母の引揚

昭和二十年九月十六日、関釜連絡船徳寿丸の通信士Kさんから電話があったのは、午後五時を大分廻っていた頃だった。

「今日釜山に入港しましたが、桟橋は進駐した米軍の管理下にあって、船員は上陸を禁止されているため、そちらに行くことが出来ません。引揚者の乗船が始まっていますから、もしご両親が帰国されるのでしたら今すぐに来て下さい」とのこと。

日本の敗戦全面降伏により、朝鮮在住の日本人は一人残らず内地への引揚を余儀なくされたのだ。

父母は大正の中頃、祖父が建てた富民町の家を手放し、整理した荷物とともに牧ノ島の娘の家に身を寄せていた。そして、連絡船で引揚げる際は面倒を見てくれるというKさんからの連絡を待ってい

**◆釜山の渡津橋**　東洋一を誇る釜山大橋。[昭和戦前期の絵葉書]

たのだった。

さっそく携行する身の廻りの品をリュックサックに詰め、持てる限りの荷物をまとめて父母と共に家を出た。時計は六時をかなり廻っていた。

渡津橋を渡り切った袂には、その日進駐して来た米兵三人が銃を肩にして通行人を監視している。一応敬意ぐらいは表しておかなければと、軽く会釈して通り抜けようとしたら、さっそく停められてしまった。七時以降は通行禁止だとのこと。

私は知っている限りの単語を並べ、引揚げる父母を埠頭へ連れて行く途中であることを説明した。先方さんは我々が朝鮮人ではなく、ここから退去する日本人であると知ったのがいけなかった。

父が左手につけていた金時計を見るなり、一ドルで売れと言い出した。わずか一ドルばかりで取り上げられてはたまらない。「駄目だ」と断ると、さらに一ドル紙幣を取り出して売ってくれと迫って来る。時間は経つし気も急くがどうにもならない。

いよいよ諦めなければ仕方がないと、父も覚悟を決めたか、時計を外しかけたところへ、パトロールのジープがやって来た。途端に三人は直立不動の姿勢をとり、うちの一人が左手を後に廻して我々に行けと合図をするではないか。パトロールの長は歩哨の報告を聞くなり「オーケー、ゴーヘッ」と我々に一言。危機を脱して埠頭への道を急ぐ。

父は時計を外してポケットに納めた。途中さらに二、三ヵ所で歩哨に呼びとめられたが、パトロールがオーケーしてくれたと答えたら無条件で通してくれた。

埠頭の入口へ辿り着いた時には、すっかり薄暗くなっていた。乗船は既に終わったらしく、桟橋への入場は禁止されている。私はそこに立っている歩哨に事情を話して、父母を乗船させて欲しいと頼んではみたものの、「ノー」の言葉が返って来るばかり。だからといって今さら歳老いたふたりを連れて戻るわけにもゆかず思案投げ首。父母は柵の所へしゃがみ込んでしまった。

そこへ運よく将校が姿を見せた。これを幸いと「ルテナント・サー」と声を掛けるなり、下手な英語で事情を説明。先刻道中での会話の復習。いや、こんどは真剣である。

彼は終始無言で聞き終えるなり左手を顎に当て一寸ばかり首を傾け、ひと呼吸してうなずくと歩哨に命令を下した。歩哨は我々親子を徳寿丸の船側に伴い、父母の乗船を見届けた上、私を桟橋の入口まで送り返してくれた。私は最敬礼してこの将校を見送った。涙が出るほど嬉しかった。

そこで私は考えさせられた。米軍の一兵卒は、父が持っていた時計を売ってくれと言ったが強引に

◆米兵との時計をめぐる交渉

取り上げようとはしなかった。略奪しようとすれば出来たはず。また、引揚者の乗船は完了していたにも拘らず、特に乗船を許可してくれたばかりか、兵に指示して、父母の乗船まで私を伴わせてくれた将校の温情溢れた決断と措置。

米軍の進駐によって初めて見せつけられた彼我戦力と装備の格差もさることながら、敵国人に対する兵隊の対処の仕方を体験した私としては、アメリカ人とアメリカという国について考え方を改めなければならないと深く感じたものだった。もし立場が逆であったなら、日本の兵隊はこんな時にどんな処置を取るであろうか。

敗戦記念日の八月十五日が巡り来るたびに思い出すのは、父母の引揚げの日、重いリュックサックを背負って向かった埠頭への道である。

その父母も今はいない。

［みやけかずみ］

＊平成七年（一九九五）五月刊行　引揚げ港・博多を考える集い『戦後五〇年―引揚げを憶う』から転載

◆墓地より見下ろした釜山市［撮影：三宅一美］

**◆無縁諸佛之墓に読経する**
**川田政信**［撮影：三宅一美］

**◆釜山で行われた「日本人慰霊祭」** 釜山市内の寺に残されていた日本人遺骨を分骨し、谷町の山に埋葬し、昭和21年７月23日、現地で慰霊祭を行った。分骨した遺骨は同年10月、鏡会長（釜山日本人世話会）が日本に引揚げる際に名簿と共に持ち帰り、福岡市の聖福寺に安置した。［撮影：三宅一美／解説：高杉志緒］

**◆釜山日本人世話会事務所**　一桟橋構内入口の世話会事務所。右には、炊事場、寮宿舎があった。人物は三宅一美氏。

◆二日市保養所　勤務者の集合写真

在外同胞援護会救療部と博多引揚援護局は協力し、昭和21年（1946）3月、帰国した婦人患者のために温泉地・二日市に療養所を組織した。当時、妊娠中絶は法律で禁止されていたため、職を賭した人道的行為であった。最前列向かって右側2番目が秦禎三氏、3番目が橋爪将所長、4番目が上床一男事務長。後列に並ぶのが「看護婦」として働いた女性たち。

［昭和21年～22年頃撮影、提供：「引揚げ港・博多を考える集い」会員／解説：高杉志緒］

# 十一人の引揚援護活動記 ほか

## ◆博多埠頭諸施設一覧

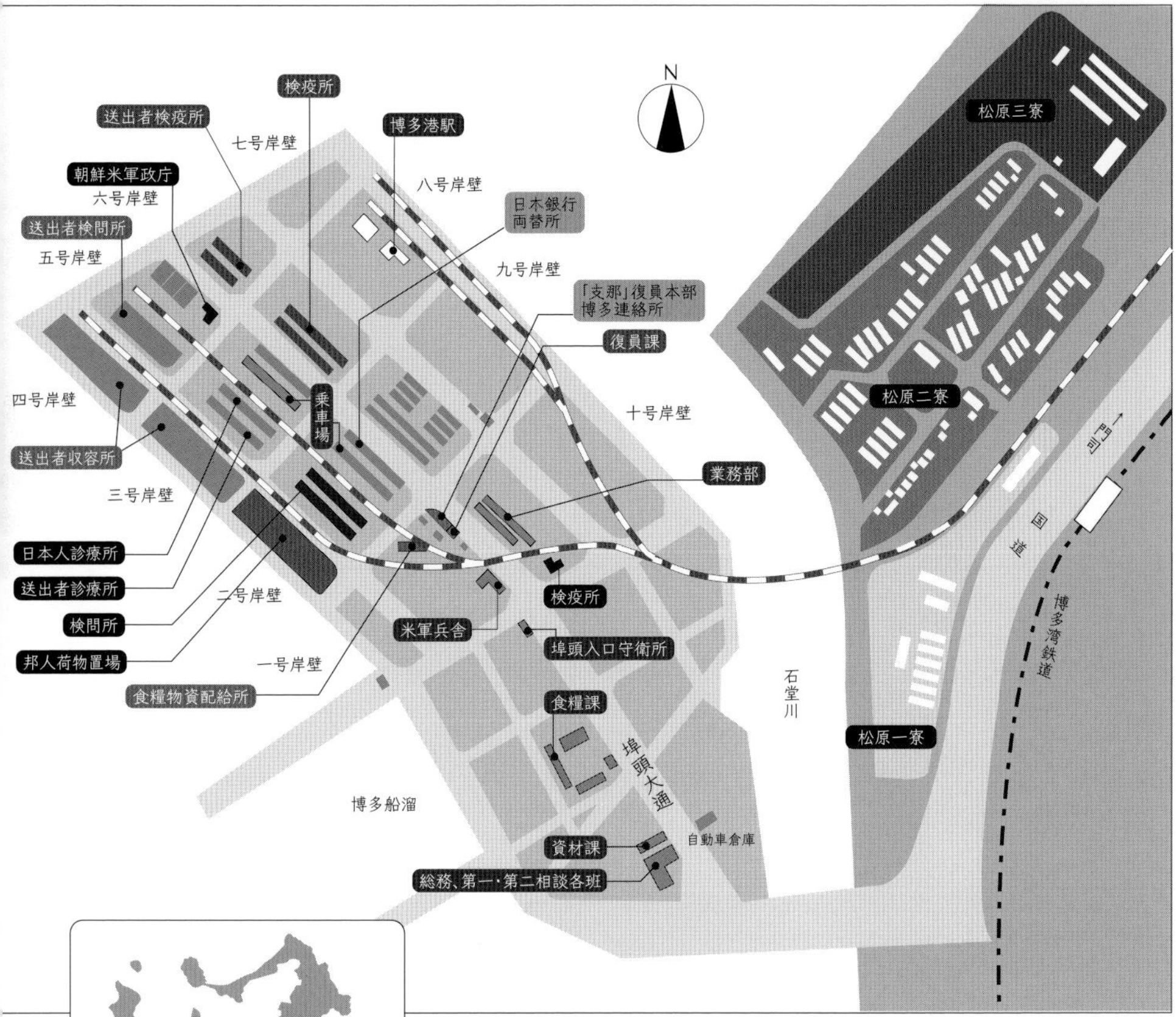


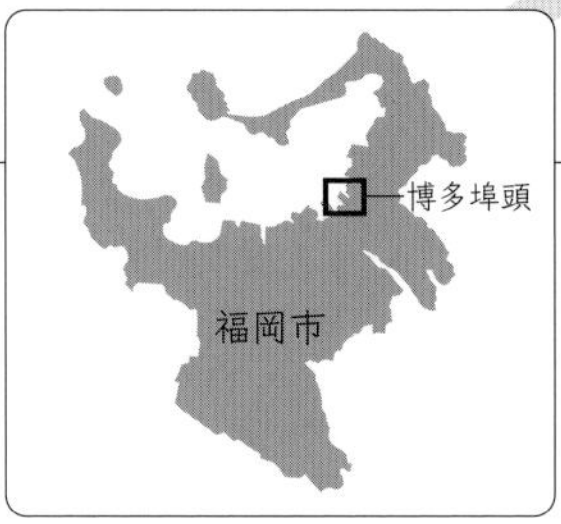


表示のない建物は倉庫、事務所等。(『博多引揚援護局史』、福岡市『博多港引揚資料展』を基に作成)

[博多引揚援護局局史係『博多引揚援護局史』より、106～107頁の写真はは全て同書から転載]

◆松原寮の光景

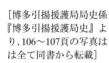

**◆博多引揚援護局総務部**　博多埠頭内にあった引揚援護局総務部の建物。総務部には、総務課・経理課・食糧課・資材課・施設課・引揚援護相談所・門司援護所と7つの部署があった。［博多引揚援護局局史係『博多引揚援護局史』より転載］

**◆博多埠頭施設　東門**

**◆博多埠頭施設　博多検疫所**

**◆博多埠頭施設　車庫**

**◆博多埠頭施設　業務部**

◆業務一覧表

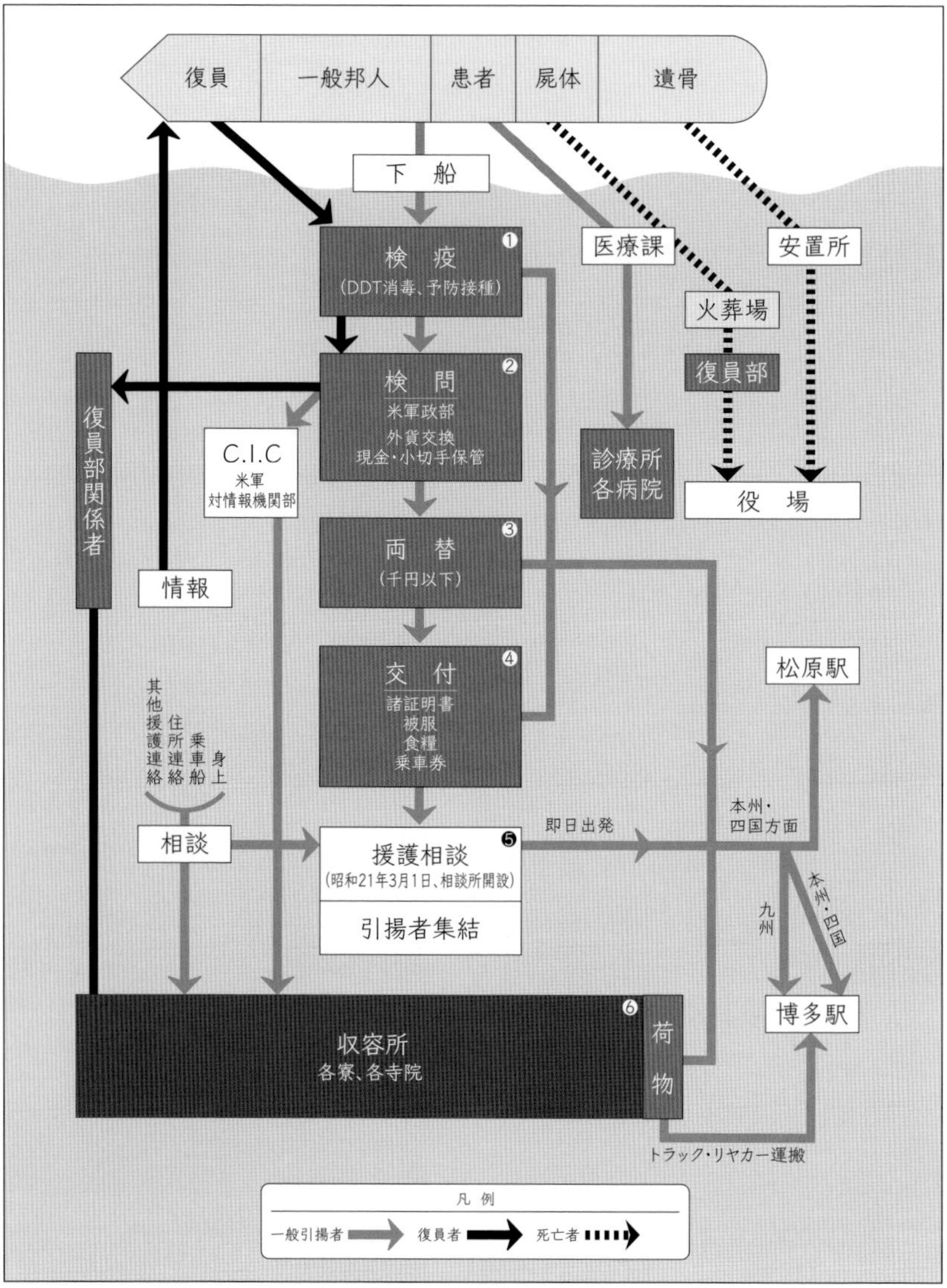


引揚者は検疫や検問を受けた後「引揚証明書」などが交付された。大半は上陸当日に帰郷したが、一部は宿舎で1～3泊し、博多駅から全国へ戻った。(『博多引揚援護局史』、福岡市『博多港引揚資料展』より)

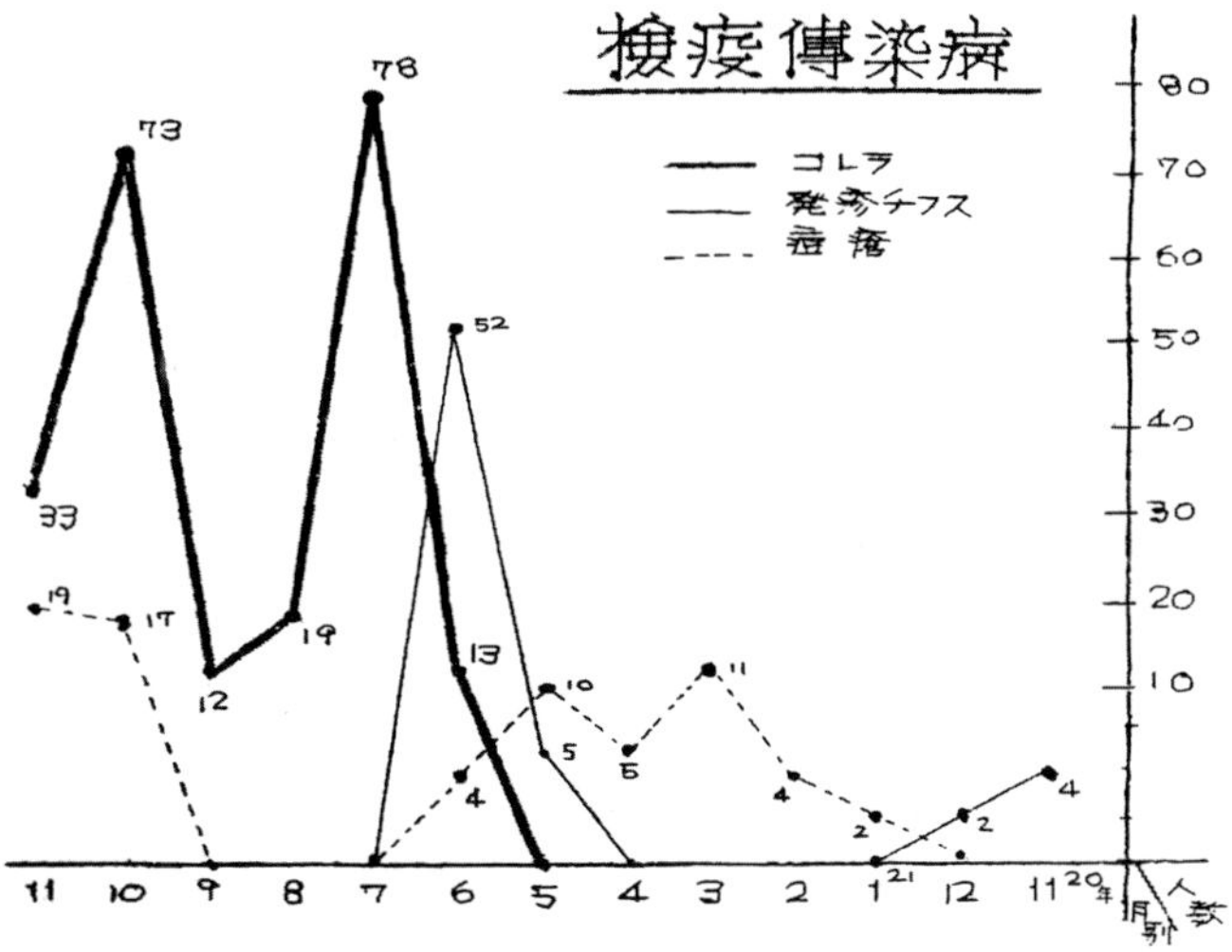


| | 月 | 検疫人員 | DDT消毒人員 | 種痘 | コレラ予防接種 | 発疹チフス〃 | 三種混合〃 |
|---|---|---|---|---|---|---|---|
| 出港検疫 | 20 10 | | | | | | |
| | 11 | 104,745 | | 104,745 | | | 104,745 |
| | 12 | 62,793 | | 62,736 | | | 62,736 |
| | 21 1 | 53,161 | 53,161 | 63,069 | | | 62,957 |
| | 2 | 32,941 | 32,941 | 32,939 | | | 32,427 |
| | 3 | 51,294 | 51,294 | 51,267 | | | 50,854 |
| | 4 | 23,837 | 23,835 | 22,218 | 469 | 13,253 | 5,870 |
| | 5 | 13,114 | 13,114 | 12,680 | 12,172 | 10,851 | |
| | 6 | 7,751 | 7,751 | 7,399 | 7,157 | 5,551 | |
| | 7 | 1,133 | 1,133 | 999 | 1,975 | 1,878 | |
| | 8 | 4,476 | 4,476 | 4,476 | 3,691 | 3,245 | |
| | 9 | 7,012 | 7,012 | 7,009 | 6,910 | 6,029 | |
| | 10 | 2,236 | 2,236 | 2,236 | 3,670 | 3,554 | |
| | 11 | 6,351 | 6,351 | 4,816 | 6,216 | 6,216 | |
| | 計 | 370,844 | 203,304 | 376,589 | 42,254 | 50,577 | 319,589 |
| 入港検疫 | 20 10 | 7,752 | | | | | |
| | 11 | 130,442 | | 12,741 | | | 18,130 |
| | 12 | 46,712 | | 7,044 | | | 8,520 |
| | 21 1 | 18,456 | 13,768 | 3,783 | 2,431 | | |
| | 2 | 33,901 | 17,339 | 159 | 779 | | |
| | 3 | 139,235 | 128,325 | 16,271 | | 17,816 | |
| | 4 | 84,063 | 84,074 | 8,850 | 40,906 | 10,997 | |
| | 5 | 144,294 | 97,917 | 12,383 | 68,261 | 72,069 | |
| | 6 | 161,362 | 160,412 | 5,646 | 115,912 | 60,915 | |
| | 7 | 108,570 | 97,135 | — | 72,678 | 6,661 | |
| | 8 | 99,629 | 54,296 | — | 46,543 | | |
| | 9 | 162,885 | 118,163 | — | 112,514 | | |
| | 10 | 147,478 | 153,412 | | 147,294 | | |
| | 11 | 8,134 | 28,568 | 15,824 | 24,893 | | |
| | 計 | 1,292,915 | 8,953,409 | 82,701 | 632,211 | 168,458 | 28,031 |

**◆博多引揚援護局「検疫伝染病」**博多引揚援護局がまとめた昭和20年（1945）11月～翌年11月までの検疫関連資料。上段は、「伝染病」患者数の推移、下段は、博多港に上陸した邦人引揚者と送出した外国人出国者の検疫人員。

［博多引揚援護局局史係『博多引揚援護局史』より転載］

episode 13

# 検疫での援護活動

## 「博多港引揚検疫体験記録」

大塚政治

### はじめに

私は昭和二十年十一月に福岡引揚援護局厚生省博多検疫所に勤務し、博多港への引揚船入港終了にともない翌年十二月閉鎖となり退職致しました。

はじめは第二検疫課に属し、外国人「朝鮮人・中国人等」の検疫を致しました。外国人の帰国検疫も終わると、第一検疫課に移り日本人の検疫を行いました。何れも米国軍「占領」の管理下におかれました。まず外国人の検疫ですが九十五％以上は朝鮮人の検疫でありました。予防注射、種痘、ＤＤＴ散布、医師により問診が行われました。私が勤務した時、所長は海軍軍医少将の復員軍人で、あとは軍医、元衛生下士官、引揚げて来た医師、日赤の看護婦、各病院療養所の派遣の看護婦等、数十人で行われていました。当時、外国人の帰国はピークでした。

博多港駅には毎日、関東、関西、名古屋、筑豊方面から帰国列車が着きました。約二千から三千人が着き、埠頭には十数個の倉庫がありましたが、天侯の都合で引揚船が出港しないと、埠頭には倉庫の内外には一万人以上の人と荷物であふれ、援護局はてんやわんやでした。朝鮮人の青年は朝鮮青年行動隊を組織し、いろいろと援護局とトラブルが発生して困りました。三月だったと思いますが、中国人の検疫をしました。一千人ではなかったと思います。数日にわたり行われました。場所は現在東浜の西部ガスのタンク附近ではなかったかと思われます。その近所に「松原寮（一時宿泊所）」がありました。ここでも帰国日本人の検疫を行いました。

検疫を行なった中国人は、主に中国本土より来られた人々で、私達も少し話をしましたが帰国を喜んでいるようでした。印象に残ったのは荷物を棒の両端につるして、もち歩く姿で、古い時代の庶民の生活の一たんをみる事が出来ました。五月からは日本人の上陸検疫を行いました。

## 長い旅路の末の引揚

引揚者の様子は、朝鮮北部、満洲北部から引揚の皆さんは戦前の乞食の様に、着ている服装は永い旅路の末に風呂には入れず服は破れて、汚れた体は垢でいっぱいの体臭で気の毒でした。満洲北部からの若い女性は気の毒でした。頭髪は短く刈り男みたいな様子でした。また上海方面から引揚の方は服装も立派で月とスッポンの開きがありました。

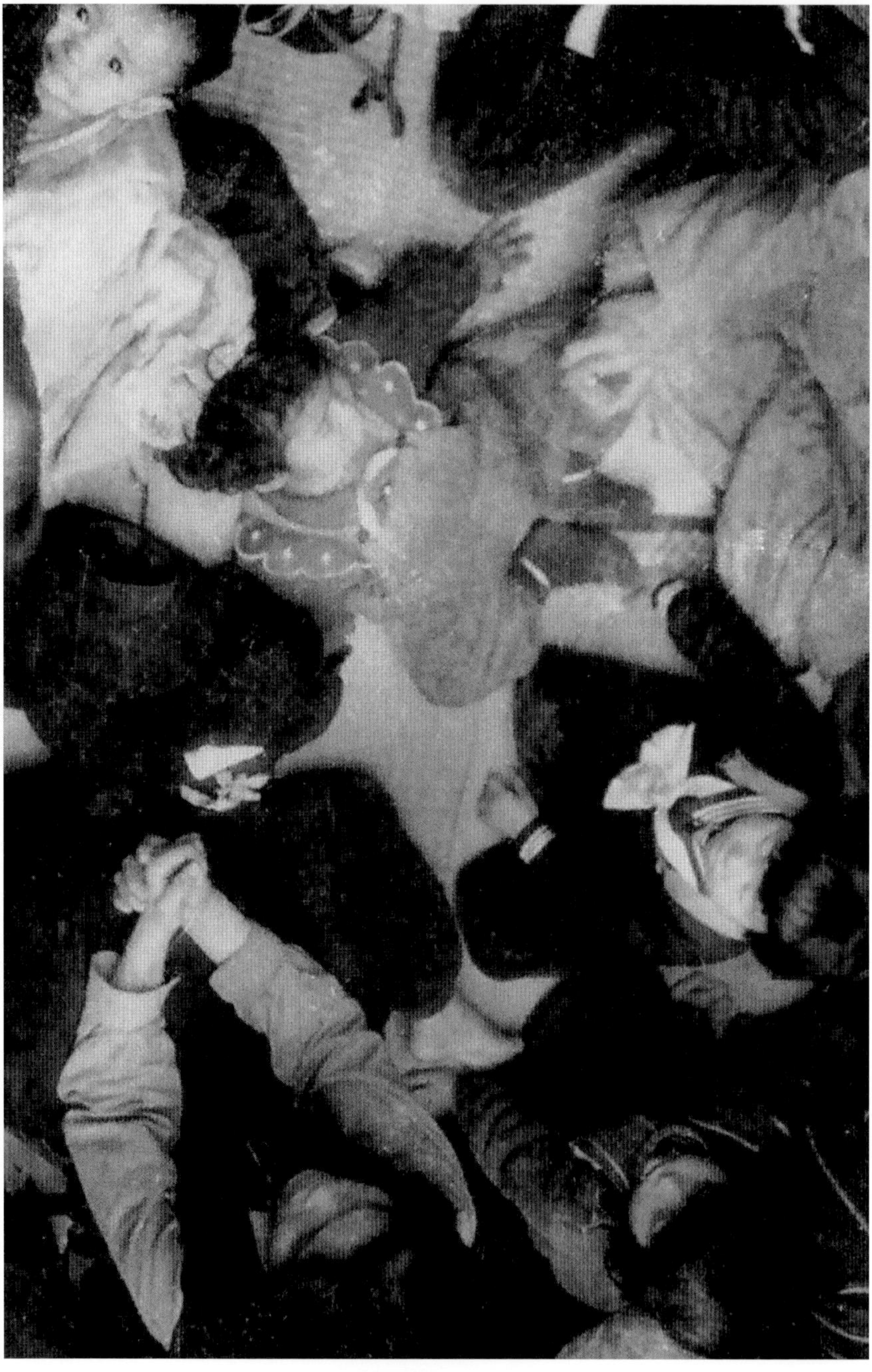

◆引揚船内の人々

引揚船は朝鮮方面へは興安丸、徳寿丸のほか数隻でした。入港する引揚船は大半がアメリカ船で、貨物船リバティ型が十数隻、上陸用舟艇ＬＳＴ型も十数隻で、日本の船は海軍の旧軍艦雪風、夏月等海防艦等十数隻、民間の船は白山丸、白馬山丸、高砂丸、氷川丸、信濃丸、白龍丸等数隻でした。日本の船には数百名の人員が乗っていまして上陸しました。アメリカの貨物リバティ型には約三〜四千人位、ＬＳＴ型は数百人より千数百人が上陸しました。

六月だったと思いますが、引揚船にコレラ患者、その保菌者が発生し、入港する船は全船、能古島東岸沖に停泊し、入港時検便を行い数日停泊させて、その結果異常なければ入港して岸壁に横付され上陸を許可され陸上検疫を終えて各地へ帰って行きました。

## 能古島沖に十数隻の船が停泊

私達は急遽海上検疫班を編成し、検疫にあたりました。一班で男一人女子四人合計五人。そして二班を編成、朝九時から夜九時頃まで小さい船をチャーターして検疫を致しました。小さい船だと数百人ですが、リバティ型になりますと三千人から四千人位乗船しているので一班五人での検疫は大変でした。午後十時になり陸上へ帰りつくのは午後十一時でした。一時は能古島沖に十数隻の船が停泊していました。

港内の波は静かでした。私達が目的の船に行きますと何時も待っているのは引揚者の人と、不幸に

も日本上陸を目前にしてなくなられた遺体でした。別に遺体の収容班がありましたが、多いので全遺体を収容することが出来ず、残った遺体は私達が検疫終了後、船に積んで帰りました。小さい子供は木箱に、大人は毛布数枚に包んでありました。とても気の毒です。引揚船に乗ると船員引揚者は出迎えてくれましたが、各地の消息、戦災害の事をたずねられ、お答えするのに大変でした。

八月になるとコレラも下火になり、海上検疫も終わり陸上の検疫に移りました。次第に引揚船の入港も少なくなり十一月には業務縮少され引揚の検疫はなくなり船の検疫となり、それで一時閉鎖となり私達は退職する事になりました。

上陸検疫では野坂参三（政治家）、鹿地亘（小説家）、二村定一（喜劇役者）、木暮実千代・和田日出吉夫婦等が上陸されました。また、高松宮殿下も御視察に見えました。

あの時から五十年になりますが、ああいう事は二度とない様に祈り、私の体験した引揚の生の体験を多

◆岩田屋百貨店から見た天神浜部の廃虚と博多湾［昭和20年10月2日］

くの人々に知っていただきたいと思います。

当時引揚の仕事にたずさわった方がいらっしゃると思いますが、どうかどうか名乗り出て五十年前のあの情景をお話をしていただきたいと思います。

この文章を書くにあたり博多港中央埠頭に行きましたが、何も引揚の遺物はありませんでした。埠頭と岸壁と海だけですが、目を瞑ると五十年のあのあわただしい情景が瞼に浮かんで来ました。

（平成七年一月三十一日）

［おおつか せいじ］

＊平成七年（一九九五）五月刊行、引揚げ港・博多を考える集い『戦後五〇年―引揚げを憶う』から転載

episode 14

# 送出での援護活動

## 博多港から引揚げて往く人達を送って

清水精吾

戦争の結末のつけ方のなかに、本国外住民が母国に帰還する過程があり、それが、この文集の主題であろう。とも角、戦争によって、多くの民族は、それぞれの人生を大きく狂わされ、深刻な悲劇が付きまとっている。廃墟、焦土に立って、茫然自失、混迷先行きに敗戦の惨めさで、打ち拉がれて、日本の姿が、一層、暗澹さを増幅させている。

こんな、終戦時の混乱のなかで、外地からの引揚邦人と軌を同じくして、日本在留外国人の祖国送還業務は始まった。記録では、終戦ご詔勅の三週間後の九月五日である。

ときに、私は八月二十四日夜、海軍予備学生から復員して、旧博多駅に降り立ち、翌朝、海岸の方向を遠望して驚いた。係留岸壁（現在のサンパレス付近で埋立前の沿岸）の船溜りが、見渡たせる程、辺り一面、六月十九日の空襲で、瓦礫の焼野原に化していたのである。まさに、「国敗れて、山河のみ……」と、空を仰いで、眩くのみであった。そんななか、私個人としては、学部中途の軍隊経験だけなので、復学を模索しつつ、その期間は、かつて、一旦は、国を護るため、特攻隊勤務であった青年士官の気概を引き伸ばして、渾身の気力が投入できる社会事業の仕事を探していた。それが、図らずも、引揚業務であり、八月末の時点では、福岡県教育民生部の所掌であった。

◆帰国のために博多埠頭に集まった朝鮮半島の人々［昭和20年10月13日］

早速、県庁内の席を暖める暇もなく、現場に差し向けられたのは、当時の湾鉄新博多駅付近の馬事協会の詰所であり、その宿直室が、厚生省が博多港埠頭に引揚援護局を、実質上開設するまでの約三ヵ月間、私が寝起きする空間になったのである。引揚列車が国内各地から臨港線（香椎駅からの従来の貨物線）で博多港駅（埠頭）に到着するのは、日没以降が多かったので、その為に、深夜から明け方まで駅長室で、ストーブを囲んで待機する時間が長かった。

それから、玄海灘を渡る博釜連絡船（?）に誘導するのだが、かつての宇高連絡船（岡山県から香川県まで）などのように、鉄道と連絡船が待合室に寄らず直結している訳でもなく、殆んど、船待ちの時間を余儀なくされる。その滞留期間が、台風シーズンには一週間近くになると、都市機能が懐滅状態になった福岡市内には、収容の建物など及びもつかないし万止むを得ず、馬事協会の厩跡に手を加えた建物で、雨露をしのいで貰うことになったが、段々、夜間は冷え込んでくる様になり、採暖の薪として、市街地の焼け跡から、柱、壁板などを集めてきて、焚火を一晩中続けるといった有様で、廃虚のなかでの野営生活そのものとなるのだった。食事は、大半が手廻しよく、準備ができていて、鍋・釜から米俵まで持ち込まれている。その点、外地邦人が、這々の体で、夜陰に乗じて逃走を続けて、着のみ着のままで帰還された方がたとは、対照的であった。

ただ、空襲などの被災者は、携行荷物も少なく、いかにも焼け出されて、手ぶら状態なので、駅弁の特別配給とか、乗船順位を優先させるなどを取り計らった。

◆復員兵を乗せてきた輸送船に乗りこんで帰国する朝鮮半島の人々［昭和20年］

◆乗船を待つ朝鮮半島へ帰国の人々［昭和20年10月13〜19日］

以上が、引揚業務の骨格であるが、突然の終戦に伴って、湧然と、各引揚地に帰国を急ぐ在日の外国人が押し寄せ、その対応組織が整備されてないと苦情が出る。

当方としても、いわば、付焼刃の対応となり、応急策が後手々々となり、事態を如何に収拾するかと云うのが、実態であり、その真只中に、社会経験のない私が一人放り出された形で、週二回位、県庁から出向いてくる上司に、実情報告する程度で、サポート勢力は、援護局体制まで、殆んど記憶がない。

しかし、引揚者は凡そ、鉱山、生産工場などに使役されていたのか、世話役の引率者を中心に行動されていたので、間接的なお世話が主体であった。それ等のなかには、二世とか、日本人妻のように、通用言語に疎く、現地風土になじんでおられない方は、不安の影を後姿に残して、タラップをあがっているのを、見送りながらも、私ども、腹の底からは「大丈夫かな！　新天地でも頑張ってよ！」と、祝福以上に、祈りの気持で一杯だった。とくに、乳呑み児を背負って、とっぷり暮れた埠頭倉庫から岸壁あたりを、あやしながら、彷徨っている悄然とした若い婦人像は、一抹の哀愁と共に、いまだに、脳裡を離れない。

私自身、昭和十一年一月に父が死亡するまでの小学生時代は、全羅北道の全州で育ったこともあり、頑張って重い荷物をチゲ（？）で背負ったり、土塀のなかにワラとか枯れ松葉が積み上げてあり、その向うに、オンドルの油紙が見えているといった、現地人の生活を朧気ながら憶えており、毎朝、早くから拙宅に通ってくれる現今のお伝いさんのオモニーが、忍体強さを皺の深さに込めていて、押し黙った儘、働いて貰った、韓国人女性の有り様が、強い印象として残っていただけに、母国に引揚げていかれる方がたの姿は、何故か、別離以上に、痛みとしてしか映らなかった。

公式記録としては、二十一年四月までの外国人送り出しは、五〇万人とされている。その使用船舶の当初は、かつての関釜連絡船の興安丸のような客船、貨物船あるいは、海軍の海防艦から、駐留軍の大型貨物船、上陸用舟艇まで、多種多様で、国の残存輸送力の総動員体制であったと思われる。

［しみずしょうご］

＊平成七年（一九九五）五月刊行　引揚げ港・博多を考える集い『戦後五〇年―引揚げを憶う』から転載

episode 15

# 税関検査に携わって

納富 寛

## はじめに

終戦後、全国で最も多い一三九万人が外地から引揚げた港として知られる博多港が、今ウォーターフロントの事業計画と共に、時代の波に押されながら大きく変貌しようとしている。

このような状況の中で、この最大の引揚者を迎えた博多港に『平和祈念像の建設を』と引揚船元船長糸山泰夫氏等の呼びかけで、市民グループによる運動が盛り上がっている。

私は昭和二十一年二月、博多税関支署（当時九州海運局福岡支局）に採用され、税関職員としての第一歩を踏み出し、引揚者の検問事務に携わり大いに共鳴するものがあったので、今その賛同者の一人として、この市民運動に参加している。

その後、福岡市博多港引揚記念碑等検討委員会が設置されてその検討結果もまとまり報告書が平成六年十一月十日市長に提出され、記念碑建設も実現に向けて着々と進んでおり喜ばしいことである。

さてここで引揚当時の状況については、門司税関の資料等にも殆ど記録がないようなことから、引揚の関係諸資料を調べると共に、私の記憶をよび起しながら当時のことを振り返ることとしたい。

## 一、引揚港指定経緯

博多港が引揚港に指定された理由は、地理的条件に適し、軍需品の積出港であったことや、港湾施設の被害が少なく、加えて機雷掃海が早期完了したことによる。

税関の博多港における検問業務開始は、昭和二十年十月二十七日となっているが、博多港の引揚は終戦と同時に始まっている。というのは朝鮮南部からの引揚者が家族も含め、小さな闇船等を傭船し、どっと博多港やその周辺にたどり着いたからである。その数は約一四万人に及んだと推定されている。同年九月博釜連絡船『徳寿丸（三、六〇〇トン）』が、引揚者二、七六四人を乗せて入港した。博釜連絡船として終戦後初の連絡船である。その徳寿丸で朝鮮出身の軍人や軍属二、五〇〇人が帰朝している。この頃は税関（当時海運局）は何も関与していないのが実状のようである。

一方、同年九月三十日米占領軍が福岡に進駐、そして連合軍最高指令部の命により、同年十月五日、博多港が引揚港として指定され、米海兵隊の将校がボートデレクターとして赴任し、本格的に引揚港として稼働することとなった。税関の検問業務も同年十月下旬から開始されることとなり、同年十一

◆朝鮮半島から漁船で帰ってきた人々

月二十四日には博多港引揚援護局も正式に設置され、引揚港博多がフルに活動することとなった。

引揚者の輸送には米軍貸与のリバティー型輸送船二一五隻の援助を受け、他に氷川丸・恵山丸・高砂丸・興安丸・徳寿丸・旧海軍艦船・練習船海王丸・日本丸等が動員して行われた。

## 二、引揚者の状況

博多港での引揚は、まず朝鮮南部（三十八度線以南）からの引揚が、昭和二十年末にほぼ完了、次いで上海からの中国東北部地方の旧軍人や一般家族の引揚が開始され、さらに昭和二十一年五月十五日入港の雲仙丸を皮切りに旧満洲（コロ島）からの引揚が本格化した。日が経つにつれ満洲奥地からの引揚者の悲惨さは目を覆うものがあった。着のみ着のまま、それに大半は栄養失調でやっと日本にたどりついたという状況であった。だが帰国できたのは運のいい方で、長い脱出の途中、餓えと寒さで亡くなった犠牲者も多数あったという。そして昭和二十二年四月末、約一三九万人の引揚者を迎え入れ、朝鮮半島等に五〇万人を送り出した博多港は、その引揚業務を完了し、同時に税関の引揚検問所も廃止され、検問業務を終了した。

## 三、税関検査（検問）の状況

昭和二十一年二月、私が税関に入関した頃は検問体制も整っており、邦人引揚検問所に検査要員として約二〇名位で検査に当たっていた。検査の状況は米軍の兵士が検問するのを我々が立ち会うというもので、検問は迅速に行われた。米軍が主に検査の対象としたのは、

1、写真（外地、特に満洲方面の地域が写っている写真等はすべて没収し、ＣＩＡ［情報局］の米兵が事情聴取するなど調査にあたっていた）

2、銃刀類（もちろん、復員の旧日本軍は出国地で武装解除され、銃器の所持はなかったが、米兵はナイフ類でも刃物はすべて凶器と見なし没収した）

であったが、この他海外から持ち帰った現金の超過分や預金通帳の証券類の保管業務は、すべて日本税関職員が担当し、保管証を発行した。

この引揚者に認められた持帰金は、一人あたり、

一般人

一、〇〇〇円

軍人

将校五〇〇円

下士官以下二〇〇円

軍属一〇〇〇円

この取扱いは連合軍最高指令部（ＧＨＱ）の指令で「金・銀有価証券及び金融上諸証書の輸出入の制限に関する覚書」によるものである。この保管業務が大変な仕事で、引揚船が重複した日など徹夜で処理したこともあった。

また後生大事に持ち帰ったトラの子の全財産を預るのだから本当に胸が痛む思いであり、これらの保管件数は約一二〇万件にも及んだ。昭和二十八年九月から保管証券類の返還が開始されたが、平成の今も未返還分が、門司税関や横浜税関等で保管され、引き取り手を待っている。

## 四、エピソード

博多港に引揚げた人の中には戦争中、中国で反戦活動を続けた野坂参三、鹿地亘、映画俳優の小暮実千代、また「支那の夜」などで銀幕の女王といわれた李香蘭（山口淑子）の方々もおられ、博多港に帰国の第一歩をふみしめている。

## むすび

このように引揚港として多くの人の胸に刻み込まれた博多港も大きく様変りしようとしている。来年は戦後五十年、この機会に是非共日本最大の引揚港であった博多港の歴史を後世に伝えるためにも、また当時これら引揚の業務に携わったものの一人として、博多港に一日も早い引揚祈念像建設の実現を願って止まない。（平成五年十二月記）

［のうどみ ひろし］

◆参考文献
税関百年史（日本関税協会）、門司税関八〇年のあゆみ（門司税関）、明治・大正・昭和の郷土史（新藤東洋男）、ふくおか一〇〇年（江藤光）以上

＊平成七年（一九九五）五月刊行　引揚げ港・博多を考える集い『戦後五〇年―引揚げを憶う』から転載

episode *16*

# 日赤としての援護活動

## 朝鮮北部から引揚、援護活動に従事して

山田典子

昭和二十年八月、私は咸鏡北道の城津の実家に帰省中でしたがソ連軍が攻めて来るとの情報が流れ、急遽清津に帰る事にしました。しかしその時はすでに北に向かう汽車は無く、動いているのは軍用列車だけだった様です。早速、軍にお願いして軍用列車で清津に向かったのは八月十三日頃だったと思います。列車の中は窓が閉ざされ外を見る事が出来ない状態でしたが発車後しばらくして外をのぞくと、幾筋かの光が流れ星の様に闇の中に吸い込まれて行くのがとてもきれいに見えました。それが艦砲射撃と聞かされ、はじめて戦局の厳しさと不安を覚えました。

それからどのくらいの時間が過ぎたのか記憶はありませんが夜はすでに明けていて停車したのは清津に近い朱乙駅でした。目的地に近づいた事を知りホッとしましたが突然「ソ連軍がすぐ近くまで来

◆**朱乙駅**　列車屋根の人達と清津日赤の同僚

ています。汽車はこれ以上進みません」と叫びながらホームを走っている駅員の声を聞き、あわてて外に飛び出しました。早速対策会議が行なわれたらしく、部隊は徒歩で目的地に向かう事になり私も同行せざるを得ない状況でした。

## 日赤看護婦としての使命感

この間僅かな時間でしたが、いざ出発と言う時に貨車を連結した避難列車が、屋根の上にも人が乗っている状態で入って来ました。その時日赤の制服姿が目に入り、よく見ると清津日赤の同僚達が大勢で手を振っていました。軍の人が、状況を察知して合流するように言われるまま貨車に飛び乗りましたが、もう一足早く出発していたか、避難列車がもう少し遅く入って来ていたら、この様な運命的な再会は無く、今日の私は存在しなかったと思います。貨車の中で聞いた同級生の話では、八月九日ソ連の参戦と同時に清津の街にソ連軍が上陸して市街戦が始まったそうです。日本軍は山に立てこもって応戦し、病院には続々と負傷兵が担ぎ込まれてその対応に追われているうちに、病院が艦砲射撃を受け危険な状況になったので避難を決意したそうです。負傷者を残して出る事に悩みましたが、患者さんにも早く病院を離れる様にすすめられ決心したそうです。

最少限度の医療材料と食糧を持って内陸地の茂山に向かいましたが茂山も危険だと言う事で避難列車に乗り南下して来たという事でした。間もなく朱乙を出た私達はしばらくはソ連軍の攻撃を受けながら進む事になりました。飛行機が頭上を通り過ぎ、しばらくして戻って来ると列車を目がけて機銃掃射を浴びせました。機上の人の顔がはっきり見える低空飛行で、無がい車や屋根の上の人が列車から飛び降りて逃げる所をねらって撃ち、目の前で大勢の人が倒れるのをただ見ているだけでどうする事も出来ず、とても悔しい思いをした事は忘れる事は出来ません。この様な攻撃が何回か繰り返された後、停車した駅は激しい攻撃を受けたらしく大勢の負傷兵がホームに倒れている悲惨な状態でした。日赤の看護婦としての使命感で私達は負傷兵の手当てに走り廻りましたが、発車の合図で負傷者を残したまま出発する事になり、どうする事も出来なかったとは言え辛い事でした。その後も汽車は遅々として進まず最後の駅、鉄原に到着したのは家を出て一週間以上経過していた様に思います。この間食糧は殆んどなく、缶詰や乾パン等を分け合ったり、停車した時に素早く沿線のリンゴ畠でちぎった青いリンゴをかじって空腹をしのぎました。鉄原では武装解除をした兵隊さんが炊き出しをしていて、この時頂いた三角のおにぎりは今でも目の奥に焼きついています。

鉄原からは徒歩で京城に向かい、途中、清涼里の農家の井戸水で空腹を満たし、更に歩き続けてようやく南山町の日赤本部に辿り着きました。しばらくここに滞在する事になりましたが、やっと人心地がついた頃、引揚者の救護のために竜山駅の救護所に行く事になりました。この頃竜山駅に入って来る列車は朝鮮北部から追われるようにして逃がれて来た人を満載し、多くの人は着のみ着のままで汗と埃にまみれ皆疲れ果てた表情でした。特に印象に残っているのは、すでに死亡している子供をしっかり抱きしめて放そうとしなかった母親の姿です。

そして九月中旬と記憶していますが、急に帰国する事になり釜山に向かいました。釜山港から白竜丸？で仙崎港に、仙崎からは満員列車で帰郷の途に着き、途中で下車する友人達と別れを惜しみながら生まれ故郷の長崎に帰りました。

## 清津日赤臨時救護所として聖福寺に

それから程なく、日赤から引揚者の救護活動を始めるので出て来るように、と連絡を受け博多に出て来たのは十二月の初めでした。聖福寺山門の入口にあるお宅に間借りする事になり清津日赤臨時救護所としての活動が始まり博多埠頭に通う事になりました。昭和二十一年二月には在外同胞援護会救療部が発足し住居を聖福寺に移して京城帝大の先生方、学生、清津日赤の看護婦が合同で援護活動が始まりました。お寺の建物の殆んどが診療室、手術室、入院室に開放され、私達は院内勤務、埠頭診療所勤務、乗船勤務に分かれて救護活動に全力を尽くしました。埠頭診療所では応急処置をして、治療を要する人や重症患者はバスやトラックで国立病院に移送しましたが途中で病状が悪化する事も度々で、死なないようにと祈りながらの護送でした。

送られて来る患者は栄養失調、皮膚病、肺結核で吐血した人や赤痢、発疹チフス、コレラ等の疫病も見られ一目でコレラとわかる女性が病院に送る間もなく亡くなった例もあります。博多港埠頭では友人、知人との喜びの再会がありましたが孤児になった知人の子供達との涙の再会もありました。診療所から少し離れた所に不法妊娠や性病等で悩む婦人の為の相談所が設けられていましたが、そこで友人と会った時は声を掛ける事も出来ませんでした。

乗船勤務では博多釜山間を何回も往復しました。往路に帰国する朝鮮人を乗せる事もありました。帰路は邦人を満載して帰りますが、この頃は飢えと寒さに耐え生き抜いて脱出して来た朝鮮半島北部からの人が多かったように思います。日本の土を踏む直前に船の中で亡くなった男性も居ました。出産で一つの生命が誕生した時も手放しでは喜べない雰囲気を感じました。当時は博多駅でも学生同盟の方達が援護活動をしていましたが、病院は博多駅や埠頭から送られて来る患者さんで忙しい毎日でした。昭和二十一年四月からは在外同胞援護会聖福病院となり地域医療にも携わる事になりました。地域の方々にとってもなくてはならない存在になっていたようです。

◆**日本赤十字看護婦**　朝鮮南部の陸軍病院から引揚げてきた看護婦。［米国立公文書館］

戦後五十年を迎えた今、戦争による悲劇、敗戦国のみじめさを体験した人々も年々減少し、残っていた私達も記憶の彼方に押しやられた思い出をよみがえらせるのは困難な年齢になりました。

しかしこの様な悲惨な思いを二度と繰り返させない為にも体験談を語り継ぎ、記録に残して後世に伝える事は体験者しか出来ない事と思い懸命に思い出を辿って書きましたが、月日、時間、場所等の記憶が不明瞭な事と、紙面の都合もあり詳細な表現が出来なかった事をお詫び致します。

（一九九五年二月十八日　第二二回例会報告者）

［やまだ のりこ］

*平成七年（一九九五）五月刊行　引揚げ港・博多を考える集い『戦後五〇年―引揚げを憶う』から転載

episode 17

# 引揚船での援護活動

糸山泰夫

## 博多港の史実・足跡を風化させぬよう

平和を守るには、戦争の悲惨さを知ることであり、その史実を風化させないよう、次の世代に伝えることが大切です。船長として体験した「引揚船にみる悲惨なドラマ」などをお話し致します。

引揚者の喜びも、悲しみも、真っ先に感ずるのは、お迎えに行った引揚船です。船が異国の岸壁に近づくと、先ず戦に敗れ、しかも、つらく切ない捕虜の苦しみを味わいながら、祖国に帰り着くまで倒れてはならない上、歯を食いしばって頑張り、身一つでたどりついた旧軍人・軍属の群。

一般邦人に至っては、海外で営々と築き上げた生活の基盤と、全財産を一夜にして失い、中には肉親さえも失って、フロシキ包み一つか、二つ、物心共に打ちのめされ、衰弱しきった老人達。種々のニュースで既にご承知のとおり、凍てつく広野を、昼間は隠れ、夜は逃げ、飢に倒れて子供をおき去

◆糸山泰夫
（大正２年生～平成21年没）
戦時中、海軍や陸軍輸送船に乗り、昭和17年には魚雷攻撃を受けて負傷。19年からは教官として後輩の指導に当たる。昭和40年には福岡海上保安部長兼博多港長も務めた。航走距離94万km余の航海人生の中でも昭和31年の北朝鮮やナホトカからの引揚げ船船長としての体験は、鮮烈だった（引揚船こじま、高砂丸）。全国一の引揚港にその歴史を残すべく西日本新聞「地域からの提言」で呼びかけ、「引揚げ港・博多を考える集い」の世話人代表としての多面的な活動は一つずつ実ってきた。（写真は昭和31年。「こじま」船長制服姿（糸山泰夫『世界を訪ねて』より）。
［提供：糸山睦子／解説：高杉志緒］

りにした母親。外国兵から逃げるため、丸坊主になり、顔を泥だらけにし、髪をふり乱した婦女子の群。ひときわあわれをさそう孤児達等。

こんな目や耳を覆いたくなるような、哀切の逃避行をつづけ、やっと、この港に辿りついた人々もおられるのです。それでも故国の土を踏める人々はまだしもと言わざるを得ません。

もう四十年も前ですが、夢にも忘れ得なかった故国の土をとうとう踏むことができず、永遠に眠りにつかれた五三七柱の、ナホトカ日本人墓地を訪れたことがあります。凍りつく酷寒のナホトカ湾を見下す丘の上で、日本から持っていった赤・白・黄三色の菊花を捧げ、涙がでてしばらくは立ち去ることが出来なかったことを今も思い出します。

悲惨な風雪の十幾年のラーゲル生活から解放され、シベリヤの奥地からやっと、海の見えるナホトカ港に辿りつき、「ああ、この塩っ辛い水のつながる向こう岸に日本があるのか」と言いながら、海水を舌でたしかめさえした人もあったとのこと。また、船に乗る順位が、一番違いで次の便に回され、「せめて、あのマストに、寝袋をつってでも我慢するから」と、乗船を嘆願したが駄目だと分かると、ついに発狂してしまい、フラリと出ていったまま、帰らなかった人もいたのです。

## 舞鶴港の場合

引揚といえば歌謡曲「異国の丘」・「岸壁の母」で一躍有名になった引揚の町、舞鶴にどうしても触れねばなりません。

歌にこそならなかったが、当時話題をふりまいた「岸壁の妻」があります。鹿児島の人で、満洲で別れた医者のご主人を待ちわび、引揚船が入港する度に、二十六回も舞鶴にやってきて、桟橋にたたずまれておられます。

また、婦人会が見兼ねて、引揚桟橋のみえる大浦中学校の用務員の仕事を探してやり、三人の子供を育てながら、十三年間も帰らぬ夫を待ちつづけた「岸壁の妻」もおります。

舞鶴には「岸壁の母」・「岸壁の妻」のほか、もう一人、忘れてはならない「引揚の母」が田端ハナさん。八十五歳。今も元気で、引揚記念館や「舞鶴引揚全国友の会」の顧問で、長く市会議員や、連合婦人会長等もしておられました。

舞鶴市は、引揚の開始から十三年間、各機関・各団体、渾然一体となって、引揚者の歓送迎、慰問にあたり、特に婦人会の「母なる国」を代表しての献身的な奉仕活動には全く頭が下ります。

あの終戦の混乱期の生活は窮迫の極みにあり、他を顧りみる余裕などはなかったが、より悲惨な引揚者のため、地場のミカン、蒸し芋のサービス、季節の野の花まで。帰郷列車が出る時は、湯茶の接待や、出迎え家族のお世話迄しており、傷心の引揚者はどれほどか再起・再出発の励みになったことでしょう。このように田端さんは、婦人会長として、情熱のすべてを、引揚業務一筋につくされ、それこそ、引揚船三四六隻が舞鶴入港する毎に、一度も欠かすことなく、港外まで行って出迎船からメガホンで、「お帰り、お目出度うございます。ここは祖国、舞鶴の港です。長い間ご苦労さまでした……」の呼び掛けは、六十六万余の引揚者全員が感激の涙を押えながら聞いている筈です。

いつの頃からか「引揚の母」と呼ばれるようになりました。引揚関連で田端さんとは四十数年来のおつき合いですが、舞鶴初入港の引揚船雲仙丸の秘話をよく話されます。

雲仙丸が入港し、例のとおり「お帰りなさい」と挨拶しても引揚者はただ無言、何度声をかけても無言のまま。みんな静かに上陸。だまって援護局まで行進。

つい「何かありましたの」と、おそるおそる尋ねると、その婦人は涙を一杯ためて「すみませんお許し下さい。実はこの船に乗っていた三人の女性が、昨夜、荒みきった男性の暴力によって、無理矢理に貞操を犯され、目の前に日本が見えるというのに、その海に三人とも身投げして亡くなりました。私達は悲しみで、昨夜は一睡もしませんでした」と憤りのあまり言葉も出なかった、とのこと。

## 最大の引揚港、博多港の場合

舞鶴の倍以上、最大引揚港の博多港ではこの点どうだったでしょう。

終戦の昭和二十年六月十九日。

築港一帯は大空襲を受け、夜の十時四十分から夜中の十二時二十分まで、マリアナ基地から爆撃機B29六十機による焼夷弾攻撃を受け焼野原。市街も七割が火の海と化し、死者不明者千数百人・重傷者も千百人余が罹災しておりますが、その詳細は、「六・一九平和のための福岡女性のつどい」などで語られているとおりです。

残念ながら、その復興で手一杯であったため、引揚者の歓迎どころではありませんでした。

博多港は、約一三九万人の引揚者が上陸し、約五〇万人の朝鮮・中国・台湾の人々を送出しました。

引揚者の手紙にこんな事も書かれています。

「博多で第二の人生をふみしめて、ふる里に帰り、元気で暮していますが、零下三〇度、四〇度の酷寒の地で命を失った戦友のことを思い出して今もすすり泣く夜が度々あります。『生きていてよかった。自分は有難い』と、あの中央埠頭をふみしめた日の事を思い泣けてくるのです」と。

引揚業務には、米国貸与のリバティー型船等、二一五隻（四〇万トン）の援助を受け、氷川丸・高砂丸・興安丸・徳寿丸・恵山丸・明優丸等、また練習帆船、日本丸・海王丸（それぞれ第一世）も、

◆**興安丸**　提供：モデルシップの会（制作：廣谷弘一）

◆**氷川丸**　提供：モデルシップの会（制作：田中 亨）

◆**博多港駅（埠頭）** 行先別に並んで列車を待つ。［昭和21年］

共に八回、約五千六百人余を旧満洲から特に孤児乗船等の引揚に活躍しております。

客船氷川丸と、練習帆船日本丸は、今も横浜港に定係保存され、波乱に富んだ生涯を無言のうちに語り続けております。引揚者数で、十三年間に約六六万人が引揚げた舞鶴港に比し、博多港では、昭和二十二年迄の約一ヵ年半で、一三九万人と倍以上に達したのは、この港が、地理的立地条件に適し軍需品の積出港であったことや、港湾施設被害がすくなく、加えて機雷掃海が早期完了したことです。

因に、引揚者のほとんどは上陸第一夜を中央ふ頭の倉庫内で明かしましたが、旧満洲・朝鮮からの婦女子で、肉体的・精神的苦悩を背負っての帰国者のために、婦人救護相談所・医療救護にあたる二日市保養所、孤児収容施設として、聖福寮・青松園（和白）・松風園（百道）がありました。

引揚者の様相も時期により違っております。現地で思想教育を受けた一部が「天皇島上陸」と気負いこんで下船していく、例の「赤い引揚者」組や、その反面、日の丸を揚げての「日の丸部隊」など、世論をわかせました。

引揚船は、かような明暗と哀歓を織りませた人生ドラマの舞台を背負って、海外諸地域に残された同胞、約六六〇万人ともいわれる（当時のオーストラリア全人口に匹敵）、民族の大移動に不死鳥のように東奔西走し、引揚者総数、六二九万七〇二人の輸送に活躍しましたが、それら引揚船も既に廃船になり、船長方も殆んど故人になられました。

戦争のおそろしさ、空しさ、悲しさ、私達はいやという程経験してきました。

日本民族が初めて受けた敗戦の試練は、引揚によって、最終的な終着駅となり、同時に再出発への踏切台ともなりました。

引揚者にとって母国の港博多港こそは、生ある限り忘れる事のできない港、思い出の港として、胸のうちに残っていることでしょう。

星霜ここに移り、今日の日本の平和と繁栄をかみしめ、日本最大の引揚港であった博多港の史実・足跡を風化させぬよう、二度と再び悲しみの歴史を繰返さないよう、世界平和への祈りをこめ、何か形のある遺産とも言える「引揚平和記念像」等を建設し、次の世代にしっかり伝えていきたいと思います。

［いとやまやすお］

＊平成七年（一九九五）五月刊行　引揚げ港・博多を考える集い『戦後五〇年—引揚げを憶う』から転載
（第一回　例会講演　一九九二年五月二十日初出「福岡の暮らしと自治」一九九二年七月号）

episode 18

# 学生有志の援護活動

武末種元

## 学生としての本分

九州大学医学部には、戦前から躬行会社会部があって、社会科学研究の一端として、戦争中といえども細々と活動をしていた。長崎に原子爆弾が投下され、その救援に学部学生は派遣され、その悲惨と凄絶な現況を見ていた。

私も敗戦後なんとなく医学部本部の玄関脇にあった部屋に出入りするようになり、十月頃から博多港検疫所に学生活動として、引揚船の入港検疫業務に参加していた。従兄達が中国東北部（旧満洲）に幾人かいて、その消息を早く知りたいと思ったので、検疫所の一隅に姓名を張り出して一刻も早く連絡を取ろうとしていた。

敗戦後、大学には戦場から復員（復学）した学生、長崎大学の被爆学生等の編入、外地からの編入

◆**九州大学医学部**［昭和戦前期の絵葉書］

及び転入学生等があって学生自体もまた大変な事態であったが、最も大変だったのは父兄が海外にいた学生たちであったことは当然のことであった。日本内地にいた学生もまた戦争中とその後の物資不足、食料不足と、いまでは全く想像もつかない困苦欠乏を強いられた時代であったが、全く親からの仕送りが途絶えた彼ら学生は、直ちにどん底に突き落とされたも同然であった。日本国そのものが敗戦とその収拾のため混乱を極めていた時なので、何ら救助の手は差しのべられていなかった。

博多港の引揚者に対する援護対策も厚生省援護局、福岡県、福岡市等の活動が組織され、体制を整え始めたのは昭和二十年十月以降のことではなかったかと考えられる。それまでは国家的には微々たる救援活動であったが、一方ではＭＲＵの活動が積極的になされ、朝鮮半島からの引揚については相当にしっかりした組織（釜山日本人世話会）が

**◆東京から来た「在外父兄救出学生同盟」学生との集合写真**　最前列向かって右から二人目に藤本照男。［昭和21年３月博多区内にて撮影、提供：岩永知勝］

あって、旧京城大学を中心に大学職員、学生一丸となっての活動があった。しかし、私は時に検疫所を手伝ったが、昭和二十年は茫然自失の中にも何か社会に役立たねばと思いつつ過ぎ去ったように思われる。

## 福岡学生同盟の結成

昭和二十年十一月頃、東京大学学生藤本氏等が博多にやってきて、在外父兄救出学生同盟の結成式を全国的にキャンペーンし、躬行会社会部にも来て、これが在外父兄救出学生同盟福岡支部の結成になったと思う。その後、日ならずして福岡学生同盟と改称されるにいたったが、当時の本部のメンバーには法学部学生大原氏（委員長）、吉里氏、坂根氏等、後に太谷氏、農学部村井氏、医学部では平野氏、峯井氏その他多数の先輩がおられた。

**◆「福岡学生同盟」で活躍した木下・篠原・村井・阿武・石井ほか**

一行寺の庭の前で撮影。学生達は、博多港上陸後、博多駅から全国の目的地に列車移動する引揚者の荷物を運ぶ介助をはじめとした「駅頭奉仕」と呼ばれる援護活動の他、医療、護送、湯茶、荷物其の他一切の世話をした。

［昭和21年夏、提供：木下登壮／解説：高杉志緒］

多くの人たちの名前を失念してしまっているので、大変失礼してしまうことになるが許されたいと思う。

かくして福岡学生同盟は、在福の各大学、高専、女専、保健婦学校等を網羅して結成されるにいたった。当時の福岡の大学、高専を列挙してみると、九州大学（各学部、付属医専等）、旧制福高（九大教養部）、福岡経専（福岡大学）、西南経専（西南大学）、福岡農専、福岡師範（福岡教育大学）、福岡女専（福岡女子大学）、九州高等医専（久留米大学医学部）、福岡保健婦学校等であった。全ての学校を網羅し総力を結集した。

しかし、学生運動には青春のエネルギーは活力としてはあっても、やはり運動資金を必要とする。当時、万世倶楽部の援助があったことを覚えている。資金作りに宝塚歌劇を呼び、福岡大空襲にも焼け残った大博劇場で興行をしたことも、まだ学生演劇部を結成して、同じく大博劇場にて「太陽の町」

◆**「福岡学生同盟社会局実践部」集合写真**　一行寺（福岡市博多区）にて九州大学・西南学院・福岡師範学校・久留米大学医学部・福岡女子大・福岡大学など各校卒業生送別会の折に撮影した集合写真。左腕には「学生同盟」の腕章がみえる。一行寺をはじめ福岡大空襲で焼け残った市内の寺院数ヵ寺は、博多港に上陸した引揚者の一時収容施設にあてられた。［昭和22年春頃撮影、提供：木下登壮／解説：高杉志緒］

を掲げ興行したこともあった。国からの特別援助もなく、細々とした資金繰りであったようである。燎原の火の如く一気呵成に燃え上がって全国的（北海道―九州）活動を行い、また一瞬のまたたきにも似た如く燃え尽き消え去った一面を既に内包していたようである。

運動には、その柱となる思想か哲学があって、鉄の団結と且つ持続されるべき活動資金がなければ、長く続けられるものではない。われわれは東京本部の学生と違って、援護局の嘱託ではなく報酬は皆無であった。先ずは本部と実践部、文化部等が組織され、それぞれに活動することになった。博多港検疫所とその診療班に従事した時は、コレラ、赤痢の検便、更にはレプラ、

**◆木下登壮と引揚の子どもたち**

一行寺の庭の前で引揚孤児をあやす木下氏。木下氏は「学生同盟・実践部」として参加した。同盟学生の中には、自らも引揚者であり、家族が未帰還の者も多かったため、引揚者を自分たちの兄弟・姉妹のように思い、大切に接した。

［昭和22年春頃撮影、提供：木下登壮／解説：高杉志緒］

または小児の天然痘の初期から極期に至る展開を詳細に観察したことが、非常に鮮明な像として記憶されている。

博多駅を通過する列車には、既に佐世保の南風崎駅等から乗車した人々もあったが、我々は博多港に着いた人々と行を共にした。岡山、大阪、京都、名古屋で引き継ぐこともあったが、私達は東京都の連絡、厚生省、援護局、文部省との交渉等もあって、よく東京まで乗車した。引揚列車を別名快速または特快等といったが、東京までは二十八時間から三十二時間を必要としたと思う。その間、列車内を走り回って診療にあたった。いま考えると相当に無謀と考えられるようなこともあった。とにかく全員無事に故郷に辿り着かれることを願ってのことであった。

［たけすえたねもと］

*平成七年（一九九五）五月刊行　引揚げ港・博多を考える集い『戦後　五〇年――引揚げを憶う』から転載

episode 19

# 聖福寮での援護活動

## 「引揚の子らと暮らして」
―聖福寮と聖福子供寮の思い出―

福岡友の会（婦人之友愛読者有志の会）
石賀信子

戦後五十年の新年を感慨深く迎えた途端に思いがけない阪神大震災に直面し、毎日テレビの画面に釘付けになっています。夥しい瓦礫の山、何もない焼跡、食料を求めて並んだ長い列、すしづめの避難所、奇しくも五十年前の空襲の跡と同じ光景です。天災と人災の違いはあっても、これほど胸の痛む光景はありません。

福岡市博多区御供所町、日本最古の禅寺として有名な聖福寺の山門から左へ一〇〇メートル程行くと右手に駐車場があります。終戦の翌年の夏、そこに粗末ながら新しい二階建ての「厚生省博多引揚援護局、引揚孤児収容所、聖福寮」が建てられました。当時博多港には朝鮮、満州からの引揚者が続々と上陸し、多い日には一日一万人といわれ、一時収容所の松原寮から呉服町を経て博多駅（今の祇園

◆開所当時の聖福寮全景［昭和21年８月］

町の所）まで引揚者の列が続いていました。

私達福岡友の会（婦人之友愛読者有志の会）の者が、全国友の会中央部からの指示により、引揚者の援護活動の一端に加わる為、初めて博多港に行ったのは、昭和二十一年（一九四六年）の四月でした。長年福岡に住んでいても博多港の場所も知らず、又、当時の港は誰でも入れる訳ではなく、埠頭に行く為には入口に立っている進駐軍ＭＰの許可がいりました。そこで見た引揚者の群れの様子と、帰途立寄った千代町の崇福寺で目にした引揚孤児の姿に強い衝撃を受け、一刻も早く私達も援護活動を始めなくてはと決心させられました。

## 引揚孤児達への保育全般を

その頃、既に聖福寺の中では、朝鮮から引揚げてこられたお医者方によって医療活動が開始されており、小児科長の山本良健先生が新しく出来る聖福寮の寮長を兼任なさり、医療方面は勿論のこと、事務関係、給食関係も全て朝鮮から引揚の方々が受け持たれ、私達は孤児達の保育全般を引き受けることになりました。

聖福寮は引揚孤児の中でも特に栄養失調やその他の病気に罹っている者、及びその兄姉という条件で、港の診療所で選り分けられた子供の第一陣、長春地区からの四十四人を迎えて、昭和二十一年八月十五日に開所しました。栄養失調による歩行困難、慢性下痢、皮膚病、眼病、結核、百日咳等々、骨と皮ばかりのような手足に女の子も髪を丸刈りにし、皆年齢より二歳位下にみえました。

聖福寮の建物は最初から孤児収容所の目的で建てられたのではなく、一般の引揚者の住居になるはずの物を途中から孤児収容所に変更されたので、真中の長い廊下を挟んで両側に六畳の部屋が十数室並び、全然見通しがきかないのが難点でした。取り敢えず一部屋に眼病の子、皮膚病の子、伝染病の子、兄弟姉妹と四人ずつ収まり、その日から私達の予想外の不眠不休に近い生活が始まったのでした。主として保育に当ったのは友の会青年部の若い普通の娘達で、保母の経験もなく、何もかもが驚きであり無我夢中の毎日でした。子供達は私達を「オバチャン、オバチャン」と呼んですぐに懐き、夜寝る前のひとときなど、満洲での楽しかった頃の思い出や、引揚げ途中の苦労話を聞かせてくれました。

集団で入ってきた第一陣の後は、間を置いて数人ずつ、あるいは十数人一緒に、またはたった一人でと入寮時の様子も様々でしたし、身元調査の結果、次々と身寄りに引き取られたり、また健康状態が良くなると百道の県立松風園に移される子供もいて、絶えず出入りの激しい日々でした。

**◆「聖福寮」時代の全職員集合写真**　前から一列目の子ども４人は名前不明。前から２列目の左から藤本先生（医師）、山本良健（小児科医・寮長）、その右２人名前不明。前から３列目の左から１人名前不明、進藤（聖福子供寮台所）、１人名前不明、永富（聖福子供寮台所）、１人名前不明、兼行静子（女医）、４列目の左から３人名前不明、馬場（兼行女医の妹さん）、（故人）田平辰子（保育者・看護婦）、５列目の左から石賀信子（保育者・福岡友の会）、楠喜美子（保育者・福岡友の会）、山本陽子（保育者・東京より友の会）、（故人）内山和子（保育者・福岡友の会）、山崎邦栄（保育者・福岡友の会）、左淑子（保育者・福岡友の会）、岩永邦歌（保育者・福岡友の会）。

［昭和22年３月撮影、提供：石賀信子／解説：高杉志緒］

**◆引揚孤児と「福岡友の会」の女性達**　この写真は昭和22年７月号の「婦人之友」に掲載された。［昭和21年11月２日撮影／提供：石賀信子］

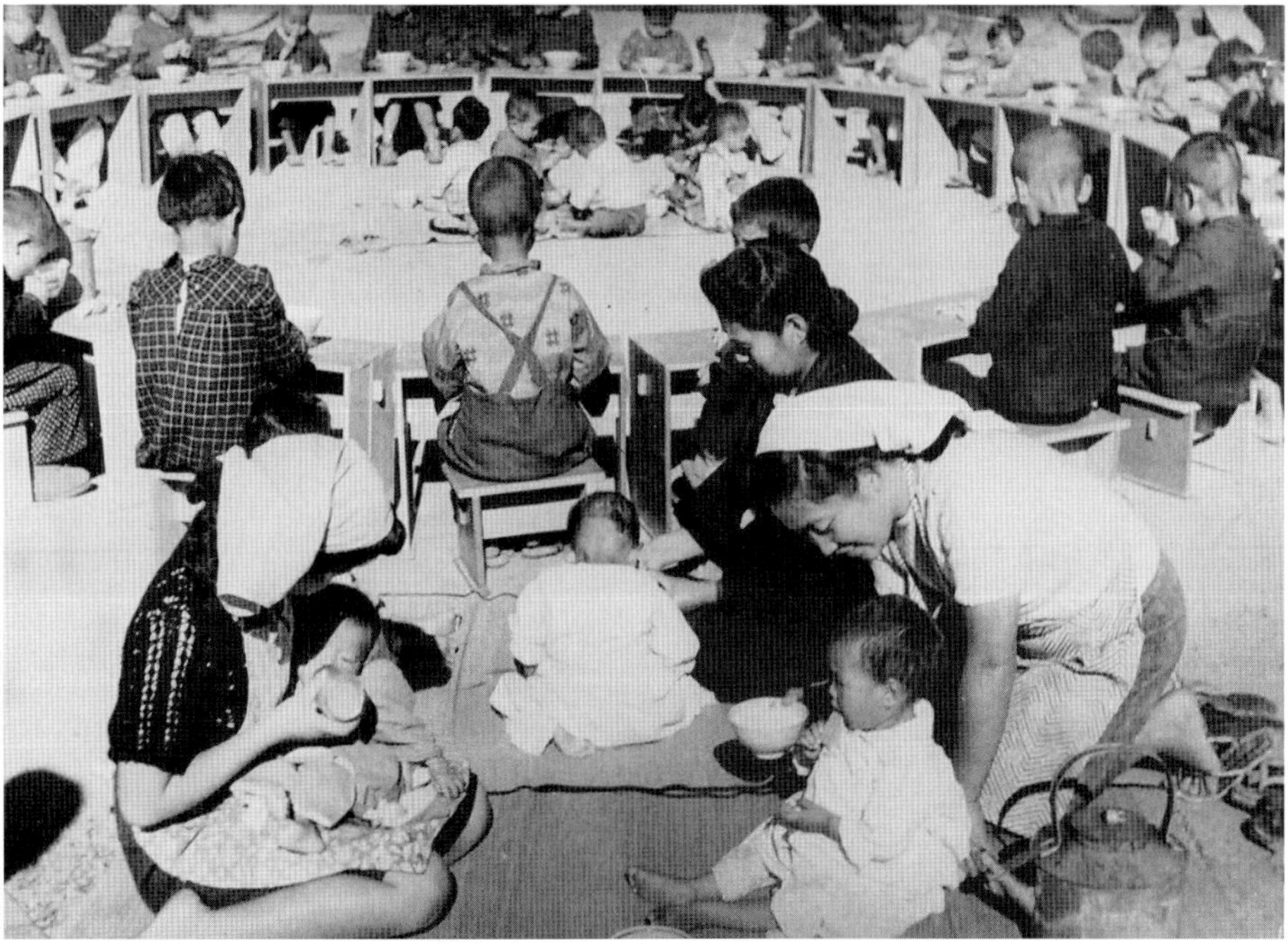

◆**庭でたのしいおやつの時間**［昭和21年10月23日「朝日新聞」に掲載／提供：石賀信子］

今、毎日マスコミを通して知る阪神大震災の救援物資やボランティアの人々の働きのように、当時も誰もが乏しい中から郡部の青年団が野菜やお餅等を届けて下さったり、女学生達が絵本や文房具を持って慰問に来たり、福岡の学生さん達が孤児達の勉強を見て下さったり、洗濯や繕い物に奉仕される主婦達もあって、荒れ果てた博多の街にも心温まるいくつもの出合いがありました。

## 聖福寮のその後

昭和二十二年三月、博多引揚援護局は連合軍総司令部の指令により閉局が決まり、聖福寮も厚生省の施設としての任務を終わることになりました。二十一年八月より二十二年三月迄、一歳から十六歳迄の一六四人の子供達が故国での第一歩をここで過ごし、戦争の痛手を僅かなりとも癒してくれ

**◆第一回ララ物資に喜ぶ子どもたち**　ミルクなどの缶を手に取る子どもたち。右奥に保育者の内山和子氏がみえる。
［昭和22年６月／撮影：石賀信子］

たかと思います。

然し当時の世相はまだまだ私達の手を必要とし、周囲の強い要望によって引き続き引揚者や戦争未亡人の子供達の為に、在外同胞援護会と福岡友の会の共同経営による託児所「聖福子供寮」を開設しました。身一つで引揚げてきた人達が故国で再出発するのに、身寄りも知人もない人は取り敢えず上陸した博多で職を探すことになり、先ず幼い子供の処置が必要でした。聖福子供寮の受付の窓口で、毎日子供をおんぶしたり手を引いたりした母親の涙ながらの話を聞き、保育が必要かどうかを判断し、母親の職業や住居の様子によっては夜も泊める「宿泊託児」という制度も作りました。まだ児童福祉法の出来る前のことで、今でいう乳児院と養護施設と保育所を一緒にしたようなものでした。ダンサー、仲居、炊事婦、屋台、付添婦、雑役などが引揚者の母親の主な仕事でした。進駐軍相手のキャバレーやダンスホールが焼跡の中洲から千代町にかけて幾つもあり、踊れても踊れなくても先ずは手っ取り早い仕事だったようで、窓口で母親の職業を聞いては「ああ、またダンサー」と嘆いたものです。

聖福寮の時は厚生省の管轄下にあったので、経済も食料も一応保証されていたわけで、私達は保育の苦労だけでしたが、聖福子供寮になってからは、一切の運営の責任が私達にかかり、お金の面でも食料の面でも苦労の多い日々でした。今でも語り草になっているのは、進駐軍の残飯を呉服町交差点にあったＰＸの裏口に、ダンボール箱を抱えて毎夕貰いに行ったこと、闇物資の一勢摘発があった日は、博多駅前や千代町の派出所に、その日没収されたおにぎりや、ぼた餅などを貰いに行き、それらが皆加工されておやつになり、食事の足しになって子供達を喜ばせました。

孤児の時とは違って、母を慕っていつしか脱走した子供を、博多駅、呉服町、千代町と必死になって探し回ったことも幾度か、信じていた母親の話が総て偽りであると知り嘆いたことも度々でした。温室育ちのような二十代の娘達にとっては、総てが大きな社会勉強だったと思います。

あれから半世紀近い月日が流れ、当時の子供達も既に五十代〜六十代、消息の分っている人は僅かですが、私達にとって彼等の幼な顔は今でも忘れられません。今阪神大震災の現場で泥まみれになりながら、生き生きと活動しているボランティアの若者達の姿をテレビで見ながら、若いから出来ること、若い時にしなければならないことを改めて痛感させられ、その健闘を祈っております。［いしが　のぶこ］

＊平成七年（一九九五）五月刊行　引揚げ港・博多を考える集い『戦後五〇年―引揚げを憶う』から転載

episode 20

# 医療での援護活動

## 「引揚げては来たものの――引揚と福岡」

山本良健

### はじめに

一九四五年八月の日本敗戦を期に多数の日本人が、或いは戦地や抑留地から、或いは永年住み慣れた外地から一挙に日本内地への引揚を余儀なくされた。それぞれの千差万別の歴史を背負って。

博多港へは約一年半の間に約一三九万人を数え、日本全国では約六六〇万人と云われている。僅かの年月の間にこれだけ多数の同一民族の移動は人類の歴史始まって以来の民族大移動であると歴史家は云う。これ等の人々はそれぞれの自分だけの異なる歴史を抱えて日本へ戻り、それぞれの新しい歴史を作った。然しこうした事実はいつのまにか段々と風化し、歴史の中に埋没されようとしている。

一九八七年八月二十九日の西日本新聞夕刊の「風知草」欄に次のような文が載った。「四十一年ぶりの博多でした。昭和二十一年に外地から引揚船で上陸した土地。だが引揚船の係留地をだれも知り

**◆復員業務に活躍した艦船**　博多埠頭からの景。沖合い左に見えるのは能古島。

ませんでした。心を残して博多を去りました」。和歌山市に住む男性からの便り。そして平和の大切さと戦争の悲惨さを次代に伝える記念碑的なものが欲しいとの訴え。これを読んで元引揚船の船長であった福岡市在住の糸山泰夫氏は九月三十日、同新聞の「地域からの提言」欄に次のように寄せて居られる。

「博多埠頭に当時の面影は全くない。市港湾局のPR用パンフレットも『未来』に向けたものばかりで『過去』を記したものはない。引揚者がやっと生きて帰れたという喜びで踏みしめた上陸桟橋、祖国での第一夜を明かした埠頭倉庫も分からず立ち去っていく姿に胸のつまる思いがした」と述べ、さらに他の舞鶴、佐世保等の引揚港が、博多より少ない引揚者数であるに拘らず色々な記念施設が設けられている現状と比較し、福岡市もせめてその中央埠頭の見える博多湾頭に「引揚記念碑」か

「平和祈念像」の建設の発起を提言して居られる。

私は引揚者の一人として、また、その援護に外地から引続き加わった者の一人として誠に同感であるので一九九二年より始まった、そうした運動に加わり、その経験を参考にして頂いている。そこで往時を偲び私の知っている援護事業の一端を記してみた。皆それぞれ独自の経験をなされた中でこれは私一人の云わば六六〇万分の一の引揚の歴史にすぎない。

## 一、もう一つの引揚

敗戦後、何度目かの冬を迎えようとしている博多の街の名刹聖福寺の荒れた境内の一隅に急造のバラック建ての引揚者収容所が残っていた。そこには労働などとはおよそ縁のなかったような初老の人々が引揚の当時そのままの汚れた払下げの軍服を着て侘びしく住みついていた。街はそろそろ復興の緒についているというのにこの一角はまだ引揚者収容所そのままの雰囲気であった。そしてこれがやっと故国に辿りついてその暖かい懐に抱かれた筈の人々の姿であった。

一般に引揚といえば苦しい脱出行の末ようやく故国の山河を目にして思わず万才を叫び嬉し涙にくれるといった情景をもって語られている。しかし外地に骨を埋める心算で早くから渡航していた人々や、外地で生れ育ち生活の基盤をすっかり外地に据えていた人々にとって引揚は未知の国への不安の旅であり、途方に暮れる移動でしかなかったのである。殊に帰るべき所謂故郷と称する所に頼るべき親戚や知人を持たない人々にとっては止むを得ず上陸した博多の土地に何となく住みついてしまったというのが現実であり、本土に基盤のある人々には分りにくいもう一つの引揚であったと云えよう。そして私もまたその中の一人であった。

## 二、私と引揚

父が大正の中期に教育者として今の韓国に渡ったので私も小学校から大学まで、そしてまた、その後の医師としての生活も全て敗戦まで韓国で過ごした。そして家内もあちらで生まれた外地二世である。終戦の年の初夏に韓国の光州に新設された光州医専の小児科の教授に推され秋に赴任の予定であったが、光州には当時新設の師団司令部が設けられ、官舎は皆そちらにとられて家がないということであったので、その前に家族（家内と子供四人）を当時としては比較的安全と吾々には思われていた朝鮮半島北部の元山近くの知り合いの所に疎開させておくことにして、八月の上旬に家財をまとめてやっと北に送った。あとで考えるととんでもないことであったが、吾々素人にはその程度の情報しか持たされていなかった。

八月十五日に突然、朝鮮北部との連絡は絶たれ、私は朝鮮南部で一人でやきもきしていた。そうしたところへ九月下旬、朝鮮北部からの脱走兵が私を訪ねて来て、私の家族が元山の難民収容所で困窮しているという消息をもたらしてくれた。それより後、私は京城（今のソウル）で家族を待ちながら

◆元山港大桟橋［昭和戦前の絵葉書／個人蔵］

北からの難民の方々の為に力を尽くすことになった。

私の家族へはこちらで同情してくれた韓国の友人たちの援助により密使を送り、連絡をとることにした。当時日本人は旅行が出来ず、韓国人でさえ北へ入ると民族反逆者として捕えられる状況であったが父たちが世話した方々が身を挺して危険な往復をして下さったことは、今思い出しても感謝に堪えない。

歩いて何日もかかる使いをして頂くこと五回に及び、そのお世話で命からがらの脱出に皆成功したのはもうずい分寒くなった十一月の末であった。七歳を頭に乳飲み子まで四人の子供がいたが、その中の七歳と三歳の女の児は親を離れ見知らぬ朝鮮の人に連れられて野宿しながら泣きながら何日も歩いて脱出して来た。今やその子供等が子供の親となり、一人はアメリカで孫まで持つに至った。感無量である。

## 三、引揚と京城帝国大学

これより先、京城における日本人の終戦直後の窮状を見るに忍びず、京城大学の学生たちが先ず立ち上がって内地人学徒団なるものを結成し、奉仕運動のスタートが切られた。その後、日本人医療機関の消失や朝鮮北部よりの脱出者の増加に伴い、学生だけでは手に負えなくなったので京城大学の教授や職員の有志が立ち上り、日本人世話会の中に罹災民救済病院を作り、引揚げた跡の日本人病院を基盤として活動を開始したのは二十年十月一日である。私はその中で小児科の診療を担当した。

## 四、京城日本人世話会罹災民救済病院

罹災民救済病院は終戦により無くなった日本人医療機関の穴を埋める他に、朝鮮北部より脱出して来た難民の方たちへの診療で多忙を極めた。その中、脱出者が増えるに従い、それを収容する寺院等にも巡回診療の手を差し延べた。十二月に入ると朝鮮南部からの正式の引揚は一段落をつけたので多くのスタッフは内地での受け入れ態勢を作るべく引揚げたが、一部は残って次々とやって来る脱出の方たちへの診療にあたり私が朝鮮残留組の中心となった。

そうしている中に厳寒の到来と共に北緯三十八度線あたりでの脱出者の惨状は目を蔽うばかりであ

ったので米軍と相談し、その協力を得て救援の手を差し伸べるべく現地までこちらの仲間を派遣することにし、まず第一陣として私がその道を作るべく世話会の職員数名の方と共に、三十八度線間近の黄海道延安まで出かけた（ここは当時は朝鮮半島南部の北端ということになっていたが、後の朝鮮の南北戦争の後、境界線が変更され今は北朝鮮に属している）。人蔘で有名な開城より、また支線を一時間程入ったところである。

当時開城には偶然私と医学部で同級であった韓国人医師が米軍政部の課長をしていたが、大変私の仕事に同情し薬品、ジープ等に大変便宜を計ってくれたことはとても有り難かった（彼は朝鮮戦争の折、親日のかどで殺された由である、今なお感謝と共に涙を禁じ得ない）。多くの脱出者は陸路三十八度線を越えても別に目印があるわけでもないので、それに気付かず日本人であることを隠し小さくなっていたのを探して、手当を加え京城まで送ってあげた。私は京城での責任があるので一週間ほどで、また京城に戻ったが、他の職員は僻地の不自由な中で数週間ずつ交替で援護活動を続けた。

## 五、移動医療局・ＭＲＵ（Medical Relief Union）

これより先十月に入って本格化した引揚列車の続発に伴い、現在治療中の患者をいかに安全に故国に送り届けるかが問題になった。その為京城と釜山間の列車内の救護と、連絡、船内の救護、そして上陸地たる博多港に於ける救護の為医療班を設けることにした。この構想は幹部を通じて米軍政庁の防疫課長に提言された。難航を予想されたこの案もこちらの熱意と米軍の理解によりすぐ採用され、十月十一日に移動医療班が発足し米軍に対する公式の名称として表題の如くＭＲＵと呼んだ。これにより我々の仕事は米軍の公認の組織として動くことが出来、患者に必要な医療品や食糧も積み込むことが許され、これに乗じて少し余計に積んで内地での再出発の準備としたり、又この証明により吾々の仲間が一度戻った内地から韓国に連絡のため逆に戻って行くことが出来たりするのがミソでもあった。一方、釜山でも数名の吾々の仲間が医療班として拠点を作り、要の役に任じてくれた。

## 六、在外同胞援護会救療部

吾々のグループの主なスタッフは、韓国の引揚が大体終わりかけた十二月に日本に引揚げては来たものの地盤もなく資金も乏しくなって来た。そこで持ち前の行動力で直ちに上京し、当時出来たばかりの外務省の外郭団体たる在外同胞援護会に出かけ、理事長の松田令輔氏（大蔵省出身、満洲引揚）と話し合い、その好意ある素早い決断でたった二週間の内にソウルの組織やＭＲＵのメンバー等をそっくり、そのまま引き受けてもらうことになった。

そして全組織を在外同胞援護会救療部として本拠を博多の名刹聖福寺に置き、次いで佐世保、仙崎、広島等に出張所を置き、各々京城大学関係の医師を中心として埠頭業務の援助、引揚船への医師、看護婦の乗組、その他厚生省引揚援護局の手の足らぬ所を援助し、又検疫所等の重要ポスト等には大抵こちらの派遣医師が入っていた。特に佐世保は二十一年になって満洲国コロ島より満州よりの脱出組が大挙引揚げて来るに及び元京城大学の教授を検疫所長に、助教授を医務課長に送り込み婦人問題相談の友の会々員の方をも加えて、その援護事業の重要な部分を吾々の仲間で引受け、博多での経験を生かして大きな業績を挙げた。

## 七、福岡聖福病院

こうした活動と同時に博多にては引揚者の診療、収容に病院が必要となり、博多駅前に近い御供所町の聖福寺の大部分を貸して頂いて「聖福病院」と名付け、他に満洲医大や外地の医専の方々も加わり、看護婦や事務員等も京城大学や朝鮮半島北部の清津日本赤十字病院の方々で占めて引揚者同志の心のこもった活気ある活動が開始された。

聖福寺を本拠とすることが出来たのは次のような事情による。これより先、終戦直後、朝鮮北部の清津より脱出してきた赤十字病院の一行が福岡に残っていた。この病院は戦時中に主に京城大学のスタッフを中心として出来たものであるが、この院長は緒方竹虎氏の実弟緒方龍氏で京都大学出身であったが、京城大学の今村教授と大学時代からの親友であった。そこで引揚者同志で話し合い、院長以下大部分のメンバーがスムースに吾々在外同胞援護会救療部の中に入って頂くことになった。

緒方家は代々聖福寺の有力な檀家であったので、当時の老師や檀家一同の暖かい心遣いにより建物

**◆聖福病院玄関前で**　財団法人「在外同胞援護会救療部」の設立目的を達成した為、特殊法人「非現業共済組合連合会」へ移管された時、援護会本部役員を迎えての記念写真。最前列の左から須江杢二郎副院長・耳鼻科部長（元京城大助教授・後防衛庁病院長）、北村精一（元京城大病院長・後長崎大病院長）、松田令輔財団法人在外援護会総裁（元大蔵省総務部長満州国経済部次長）、緒方　龍（聖福病院長）、今村　豊博多検疫所長（元京城大医学部長）、上住（援護会総務部長）、泉　靖一援護会救療部長（元京城大法文助教授・後東大文教授）、本部員。二列目の左から下村検査技師、本部会計、小佐井内科、前原皮膚科医長、近江婦人科部長、西岡内科部長（元京城大）、山ノ上小児科部長、木下眼科部長、山本小児科部長、北村外科部長、事務長。後列の左から波多江会計主任、早瀬X線技師、７人おいて田中総婦長、河内薬剤師、１人おいて市の沢薬剤師、１人おいて馬場小児科医。
［昭和25年８月撮影／提供：波多江興輔／解説：高杉志緒］

や境内の大部分を貸して頂いたような次第である。当時市内の他の総合病院は戦後の混乱よりまだ整備されて居らず、医師も復員の途中で充分とは云えない中にあって吾々の病院は建物こそは、お寺の間借りとはいえ旧京城大学の教授、助教授、講師級を中心とした優秀なスタッフと引揚者同志の心のつながった熱意により、市内に確固たる地位を占むるに至った。この為に後日引揚援護事業の終了による在外同胞援護会の解散に当り、円滑に国家公務員共済組合連合会の傘下に迎えられ、その後作った分院は現在の浜の町病院として市内有数の九大関連病院となり、又聖福病院自体が敷地問題で立ち退きの余儀なきに至った時も名島に新築移転し、千早病院として立派に再出発をすることが出来た。

## 八、不法妊娠対策（二日市保養所）

満洲などからの引揚げた女性の中には、その途中外国兵や心なき地元民などから暴行を受け、妊娠したり性病にかかったりした者も少なくなかった。中には母国を目前にしてその身を恥じ、海に身を投げた女性も居た。悲劇を察知した援護会救療部では、国に何の対策もないのを見て何はともあれ一応身体的な負担だけでも取り除いて故郷へ帰してあげたいと独自にその対策を考えた。

そこで厚生省引揚援護局を動かし、二日市温泉にあった旧愛国婦人会の保養所を借り受け、わが救療部が必要なスタッフと器材一切を負担してその処置のため二日市保養所を開設した（昭和二十一年三月二十日）。所長には元京城大学の産婦人科助教授であった私の同級生を引っぱって来、その他の医師、看護婦等も全て京城大学より引揚げた仲間であった。

当時人工妊娠中絶は法により禁じられていた手段であったが、同胞として見るに忍びず敢て勇気をもって立ち向かうことにした次第である。事が事だけに蔭でちと問題になりかけたことがあったようであるが、緒方竹虎氏等の力もあって何事もなく、途中で高松宮殿下の非公式の慰問もあり、これで一応暗黙の了解があったものと推察される。（これ等の件に関しては、ずーっと後の記録によると「実は厚生省が秘かに九州大学の産婦人科に依頼し、秘密裡に実施し、これに京城大学の医師たちも援助した」と述べられているが、これは誤りで吾々は、全くそうしたことは知らず独自の判断でかなり堂々と行なった。この事については後日、毎日新聞社がとり上げ、九大側と私の言葉と対比して数日にわたって連載して吾々の自主的な勇気ある立場を認めている）記録は消し去られているので正確な数は分からないが、患者数は約三八〇名と云われ妊娠月数は五ヵ月が最多で七〜八ヵ月の者もかなりあり、これを見てもその技術的困難さも推察されよう。

現在この地には二日市済生会病院が建てられ往時を偲ぶ面影はないが、その敷地の裏の片隅に大きな自然石に「仁」の字が彫られた石碑があり、その裏に京城大学の勇気ある仁術をたたえた碑文が彫られ、その終わりは「今は平穏な生活を送っているであろう彼女等が、医師たちに感謝の意を伝えたい時、この碑がそのよすがともなればと念じる」と結ばれている。この碑は吾々と何の関係もない高校教諭の児島敬三氏がこの事実を知り感激して私費を投じて建てられたもので、その横に水子地蔵の祠が病院側によって後に建てられている。京城大学の一つの記念碑であると共に引揚の歴史の中の一つの記念碑でもあろう。

◇

「痛みに堪えた女性たち」(上坪隆著『水子の譜』より)

所長であった橋爪氏の言によれば、「着いた時皆ボーッとして無気力でした。当時は麻酔薬など手に入りませんでしたが、痛いとも何とも云いませんでした。やはりそれだけ事情が深刻であったし、それにまたそういう元気もなかったということですね。またトラックに乗って入ってくる時はほんとに男か女か分かりませんでした。沈むというよりほんとに暗い表情でしたが、手術後充分静養させておくとだんだん肉体ばかりでなく、精神的にも元に戻っていくようで帰る時は見違えるようで看護婦さんに一寸口紅でもつけてもらって女性らしくなり、手を振って門を出て行きました。しかし礼状のようなものは一通も来ませんでした。もちろん私たちはそういうことは望みもしませんでしたけれど、それは患者さん自身があの時のことはもう考えるのもいやだと思っているからじゃないでしょうか」

## 九、医疲孤児収容所(聖福寮)

一方、引揚が進むにつれ朝鮮北部や満洲の奥地から途中で親を失い、栄養失調や疾病に悩まされながらも独りで、あるいは幼い子供同志で、かばい合いながら引揚げて来る孤児たちも増えて来た。普通の孤児たちは県の収容施設に入れられたが、病める孤児たちに対しては国に何の対策もないのを見

**◆羽仁説子来園記念集合写真**［昭和26年10月撮影／提供：石賀信子］

て吾々は県を動かし、聖福寺の一隅にバラックを建ててもらい、吾々でその収容と運営を司り厚生省引揚援護局の管轄の下に医療孤児収容施設を発足させ、「聖福寮」と名付けた（昭和二十一年八月）。内容は医療を必要とするので私が聖福病院の小児科長と兼任で引揚援護局の嘱託としてその寮長をつとめ、他に二名の若い引揚医師も住み込んで仕事に当った。

保育の面では羽仁女史等の「婦人之友」の「友の会」女子青年のメンバーがボランティアとして全国各地より集まって下さり、「福岡友の会」の石賀信子氏が福岡女学院の教職を離れてそのリーダーとなって下さった。保母さんたちは、平素こうした雑用に縁のなさそうなお嬢さんたちが十数名泊り込みで奉仕をして下さり、また、その家族の大学教授夫人たちも外部からその経験と知恵と物資を応援して下さった。

また食糧の乏しい時代であったが、引揚援護局よりは旧軍隊の在庫物資、米軍よりはその余剰物資等の供与もあり、当時としては他に例を見ないすぐれたスタッフと条件で運営出来、その効果も満足すべきものであった。米軍も好意をもってバックアップしてくれ、財政面では聖福病院よりの援助も相当なものであった。昭和二十二年三月ひとまずその任務を終えたが、折角のこの組織を惜しんで今度は救療部直轄の保育所として、働く人々の窮状に力添えすることになった。これは後に国や県よりの表彰を受けたが、在外同胞援護会の終了の時、聖福病院とともに国家公務員共済組合連合会の傘下に入り（昭和二十六年）、昭和四十年土地問題の為、社会より大変惜しまれながらその仕事を閉じた。

◇

「聖福寮の子どもたち」（上坪隆著『水子の譜』より）

「孤児たちの保育の仕事は係の人たちの予想をはるかに超えたきびしいものであった。単に身体だけが病んでいるのでなく、どの子も神経と精神が疲れはてていた。ある子は夜になると急に目が輝いて突然外にとび出し、ごみだめをあさり歩いた。また、ある子は食物をもらうとそれを自分の部屋の隅に持って行き、こっそり自分だけで食べようとした。引揚の途中身についた習性だった。ほとんどの子が親の骨だけは持ち帰っていた。寮ではこれをまとめて一ヵ所の押入れに安置し、花を飾った。子どもたちはなかなかその骨を手離さず保母たちを困らせた。

その後三十一年たった昭和五十一年八月、ＲＫＢ上坪氏等のお世話で連絡のとれた子どもたち一四人が今はなき寮のあった所の傍らの瑞応庵の一室に集まった。かつての保母たち十数名に私たち職員も皆それぞれの歴史をかかえ、中には当時を知らない奥さんや子供さんを連れて。そうした顔々に往時の童顔をダブラせ、白髪の私は感無量であった。これ等は後にテレビで「引揚港博多湾」と題して、ＲＫＢで全国ネット放映され、民間ドキュメント番組の賞を与えられた。

## 十、広島記念病院

これより先、吾々の会は南方よりの引揚者を対象として広島県大竹港に診療班を設け、私と同級の復員医師を長として数名のやはり同じ大学の後輩たちと援護作業に従事していた。二日市保養所が仕事を終える頃、ちょうど大竹の方も終りに近付いていた。その頃救療部は引揚港現地での仕事から一般市民を対象とする定着援護への転換を考えた。そこでその頃広島大学医学部の教授に就任していた同窓の仲間たちと原爆の地広島に病院を作ることとし、大竹班と二日市組の人員器材を併せてそれに当てることにした。何の地盤もない土地のこととて困難を極めたが、スタッフの熱意と引揚根性は遂に全科を揃えた総合病院を作り上げ、「広島記念病院」と名付けた。之は聖福病院と同じく当時の在外同胞援護会救療部に属し、医師、看護婦、事務に至るまで殆ど全て旧京城大学関係の引揚者によるものであった。之も当事者たちの技量と親切によって広島市内第一級の総合病院として発展し、後に聖福病院と同様、国家公務員共済会連合会に吸収され、現在も広島大学の関連病院として枢要な地位を占めている。

# おわりに

以上のように引揚の後始末もあったので、五年間ほど聖福病院並びにその附属であった保育所（聖福子供寮）の仕事に従事していたが、大分世の中も落ち付き、病院等も戦後の社会の一単位として定着して来たので、私も一般の社会にとび出し開業の小児科医となった。それからの第二の人生も色々と波乱がないでもなかったが、兎に角八十歳の坂に達した。年をとってみると無性に昔が懐しくなる。同窓会への出席が大変待ち遠しい。引揚者たちも中年だった人は老年になり、子供だった人は大人になって往時がひとしお思い出深いものに思われて来ているであろう。その現れが冒頭の新聞の読者欄の投書となったに違いない。こうした時に期待が裏切られて、当時を語るものが何も分らないのは誠に気の毒である。

大体、福岡市当局の引揚に対する態度は誠に冷たいとしか言いようがない。例えば市制百周年記念の「ふるさと一〇〇年」という大きな写真集の中でも引揚をとり上げた写真はたった一枚しかなく、それも他の写真集から借りた写真の一部分だけ、しかも記事としては博多引揚援護局が開かれた日と終わった日の日付が一行ずつだけ。同じ頃、西日本新聞社から発刊された写真集「福岡一〇〇年」の中には大きな写真が十八枚も載っているし、ある小学校の先生が子供から私のことを聞いて「自分の小学校時代には戦争のことは少し聞いたことがあるが、引揚に関することは何も聞いたことがなく、全く知らなかった」との感想をもたらされた。県立香椎高校の演劇部では昨夏私のことを聞いて色々引揚に関することを聞きに来られ、又私も出かけてお話をし、十一月十四日、福岡地区高校演劇大会（平成四年度福岡市民芸術祭参加）に引揚を題材に上演した。その後の感想に「全く知らなかった色々なことを聞いてびっくりすると共に色々考えさせられ大変勉強になりました。この事は、ずーっと伝えていきたいと思います」と言った寄せ書きが送られて来た。これは、ほっておいては全く次の世代には伝わらないと思われた。

福岡は海に面し、昔から大陸に向って開かれていた所で大変海外と縁の深い所である。そこへ未曾有の引揚という事実を日本で一番沢山経験した所である。これは福岡にとっては画期的な事件と言えよう。それが福岡一〇〇年の歴史の中で殆ど無視されかけていることは全く以て理解に苦しむ。私たち引揚者が自分たちの思い出だけの為に記念が欲しいと云うのではない。

福岡一〇〇年の歴史の中にこの事実を残し、以て後世への語りかけとすべきだと考えるわけである。

（おことわり）

本文の中の一部はRKB上坪隆著の『水子の譜』（引揚孤児と犯された女たちの記録）の中や、私が『フクオカ戦後写真集』の中に（もう一つの引揚）として載せた文、又私が京城大学の同窓会誌『紺碧』に「京城大学引揚医療の足跡」として載せた文の中より引用したものである。

（第二回例会で講演　一九九二年六月二十日初出「福岡の暮らしと自治」一九九三年一月号）

［やまもとよしたけ］

＊平成七年（一九九五）五月刊行　引揚げ港・博多を考える集い『戦後五〇年―引揚げを憶う』から転載

episode 21

# 医療での援護活動

## 「引揚医療の思い出」

秦　禎三

### はじめに

私は札幌市生れで師範学校附属小学校、札幌一中（現・南高校）東京の武蔵高校を経て京城帝大医学部卒です。昭和二十年十一月京城の地域引揚者として担送患者五名とその家族と共に釜山を経由博多港へ上陸しました。私の東京の家は焼失しておりましたので、長崎県平戸町の知人宅に家族を預け、翌二十一年三月に博多へ戻り、後記の二日市保養所に約一年間勤務しました。

同所を去り二十二年六月より別府市で開業、同四十六年に芦屋市へ移って勤務医に戻り、五十九年よりここ老人ホームへ入居致しました。三十五年前に一人娘を、昨年は家内を亡くし、一人でひっそりと暮らしております。八十三歳の老人に成り果てましたが、京城帝大医学部関係者が中心となった引揚医療に少々関係しましたので、薄れ行く記憶をたどりながら思い出を略記致します。

## 一、京城日本人世話会罹災民救済病院

昭和二十年十月一日設立。院長京城帝大北村教授、副院長須江杢二郎氏、庶務課長田中正四氏。三十八度線近くの延安まで医療班を派遣していましたが、十二月に主スタッフが内地へ引揚残留組の医療課長は山本良健氏になりました。

## 二、MRU（Medical Relief Union）移動医療局

昭和二十年十月十一日発足。泉、田中、須江氏等により発想され、医療課長鈴木清氏。京城、釜山間の列車内救護と釜山、博多港に医療班を設置し診療活動をしました。

## 三、在外同胞援護会救療部聖福病院

二十一年二月発足。京城帝大学文学部卒泉靖一氏の尽力により開設。部長今村豊教授、庶務課長田中正四氏、会計課長泉靖一氏。本拠を福岡市御供所町聖福寺に置き、仙崎、佐世保、舞鶴、広島等に出張所を置いて埠頭業務の援助、引揚船への医師、看護婦の乗組等を行いました。私も同年のたしか

**◆集合写真「秦禎三氏を囲む会」**平成９年７月13日、福岡県大観荘にて二日市保養所で医師として尽力した秦医師を中心に13名が参集した。前列左から児島敬三（仁の碑建立)、青坂（元看護婦)、水田耕治（済生会二日市病院院長)、秦 禎三（元医師)、村石正子（元看護婦)、吉田（元看護婦)。後列左から斉藤（済生会病院総婦長)、平原（語ろう会)、森下昭子（集い世話人)、糸山泰夫（集い代表)、門田見（語ろう会)、田辺（語ろう会)、山崎（特老ホームむさし園事務長）
［提供：村石正子］

◆**コロ島**［昭和10年頃の絵葉書］

三月頃に船医として米軍のリバティーと称する貨物船で上海へ引揚者を迎えに行きました。上海市在往の人が多かったせいか、布団を沢山、手押車に乗せて持参した人が居たのには驚きました。船中で一名死亡され水葬致しました。続いて満洲は錦州地区から引揚が始まるとの事で、日本軍の海防艦という小さな船で「コロ島」へ向かい港外で十日位待たされました。たしか四月初めでしたが雪が降って来た記憶があります。風呂敷包みだけ持った人達を博多港へ連れ帰りましたが、女子は髪を切り、男装した人が多かったようです。その後、引揚者の診療、収容の為に病院が必要となり、前記聖福寺の大部分を借りて聖福病院が誕生しました。院長緒方龍氏（元清津日赤病院長）、副院長須江杢二郎氏、他に西岡利光氏、近江菊正氏、山本良健氏、平野伍吉氏、太田敏雄氏達の外、満洲大学等の引揚医師達が診療に従事しましたが、引揚業務終了と共に昭和二十五年、国家公務員共組連合組合の傘下に迎えられました。聖福病院と後記二日市保養所の京城帝大グループは昭和二十二年十二月に広島記念病院を発足させ、院長今村豊教授、副院長山野上氏、他に橋爪将氏ほか多数の京城帝大卒の医師が診療に当たりました。

## 四、引揚医療孤児収容所、聖福寮

昭和二十一年八月、前記聖福寺内に開設。医療を要する孤児を収容しました。寮長兼小児科長山本良健氏、保育には「婦人之友」の友の会女子青年メンバーがボランティアとして全国各地から集まりました。昭和二十二年三月ひとまず任務を閉じた由です。

## 五、二日市保養所

昭和二十一年春頃より満州からの引揚が始まりました。途中外国兵や地元民等から暴行を受け妊娠したり性病に感染した女子が少なくなく、引揚の途中で投身自殺した人もあり、援護救療部は国に何の対策もないので、彼女達の体の負担を取り除かなければと対策を苦慮し、彼女達の処置を行うために二日市温泉にあった旧愛国婦人会の保養所を借り受け、昭和二十一年三月二十日に二日市保養所を開設しました。

◆旧愛国婦人会保養所　戦後に二日市保養所として使われた。［昭和10年頃の絵葉書］

所長は橋爪将氏で小生と共に診療を引き受け、他に看護婦十名（助産婦を含む）と事務職員数名（皆、京城帝大関係者）が就業しました。政府に対して法の一部改正を打診しましたが、聴く所によりますと、当時の厚生大臣芦田均氏はＯＫでしたが、法務大臣岩田宙造氏は反対したそうです。

救療部は独自の判断で人工流産施行を決めました。乗船地の診療所、引揚船内、上陸地に相談所を設け、そこで申し込みのあった婦人と新聞広告（福岡市聖福寺内在外同胞援護会救療部と福岡県二日市町厚生省引揚援護局二日市保養所の連名の広告で、文章は略しますが、外国兵や現地民に犯され、その事実を打ち明けないまま上陸地を去った人達が読めばその事情がわかる内容でした）を見られた婦人達が同保養所へ来られました。

当時は、ご承知の通り重症疾患のない方の人工流産は堕胎罪で処罰されましたが、私共は緊急避難という理由で処置したわけです。今にして思えば「勇気があったものだ」と感じますが、当時の私共は罪の意識は全くなく、当然の義務を果しているものと信じ、何の抵抗も感ずる事なく、連日連夜夢中で診療しておりました。人工流産には当時は未だ現在のような優秀な短時間用の麻酔用注射薬もなく、無麻酔か鎮痛剤の使用で行いました。妊娠月数は五ヵ月が最多で、六、七、八ヵ月もかなりありました。三ヵ月までの手術は割合簡単で短時間で済みますが、五ヵ月以上は手技がむずかしく二日以上を要する事もあります。診療録は全部廃棄されたようですが、人工流産の件数は四、五百件にのぼり、性病を含む婦人科疾患の患者数も同数くらいあったと思います。

たしか二十一年秋頃に高松宮殿下（当時の引揚援護局総裁と聞いておりました）が同保養所を慰問され、私共の前で「ご苦労さん、頼みますよ」と声を掛けられた事をはっきり記憶しております。これで私共の行為が国の暗黙の了解を得られたものと確信した次第です。ここでの診療は思い出すのも辛い日の連続でしたが、また忘れられない一年間でもありました。

同保養所の事を知られた元高校教諭の児島敬三先生が感激の余り私費を投じて同保養所跡に建設された済生会二日市病院敷地の片隅に大きな自然石に「仁」の字が彫られた石碑を建てられました。その横に水子地蔵が誰かの手で建てられております。碑の全文は次の通りです。

「昭和二十一、二年頃、博多港は毎日の様に満洲から引揚船が入っていた。その中に不幸にしてソ連兵や現地民に犯されて妊娠している婦女子の多い事を知った旧京城帝大医学部関係の医師達はこれらの女性を此所——旧陸軍二日市保養所——に連れてきて善処した。この事実を知った千田夏光氏のルポ『二日市堕胎病院』（晩声社刊）で知った私は堕胎が法律で禁止されている事を知りつつ職を賭して行った彼等の人道的行為は後世に伝えられるべきであると思いこの碑を建てた。そして今は夫々の家郷で平穏な日々を送っておられるであろう彼女たちが三十数年を経た今日、この地を訪ねて往時の先生や看護婦さんに感謝の意を伝えたいとき、この碑がそのよすがとなればと念じている。（昭和五十六年三月）」

**◆施術に使用された温泉浴場**　手術室は無く、やむなく、この浴場に手術台を置き、多くの麻酔なしの手術がなされた。現在、この建物は取壊されている。［提供：済生会二日市病院］

同保養所は昭和二十二年秋にその役目を終え、所長橋爪将氏を含む従業員は聖福病院のスタッフと共に新設した広島記念病院へ移りました。橋爪氏はその後広島市内で開業されておられましたが本年一月逝去され、北村教授、今村教授、鈴木清氏、西岡利之氏、須江杢二郎氏、山本良健氏達も亡くなりました。なお、京城帝大同窓会誌『紺碧』より一部引用致しました。上坪隆氏著『水子の譜』（社会思想社発行）、千田夏光氏著『皇后の股肱』（晩声社発行）、木村秀明氏著『ある戦後史の序章』等に聖福病院、聖福寮、二日市保養所その他京城帝大関連の引揚医療の記録が載っておりますが、後の二冊は共に絶版になっております。

［はたていぞう］

＊平成七年（一九九五）五月刊行　引揚げ港・博多を考える集い『戦後五〇年―引揚げを憶う』から転載

episode 22

# 願いを残して

## 「敗戦・引揚・博多上陸」と私

児島敬三

昭和二十一年夏の夕方、散歩に出て聖福寺山門にさしかかると、何か異様な感触を覚えた。そこで山門をくぐって驚いた。黄昏の境内に沢山の人がたむろしている。山門の石畳から両袖の築地塀にかけて、境内一面はおびただしい人の群。「立錐の余地無し」とはああいう光景を指すのだろうか、狭い空間に沢山の人が坐りこんで、突然入って来た私をうつろな眼で眺めている。私は咄嗟の現象に真相がつかめず一時茫然としたが、やがて理性をとりもどすと国宝管理の責任者たる聖福寺住職へのはげしい怒りがこみ上げた。「往職は何故この不法占拠者を排除しないのか。こんな有様で名刹を預かる責任が果たせるか」と。そして日本仏教界の腐敗堕落ここに極まれりと慨嘆して、しばらく無頼の徒と思える群衆を眺めていたがやがて諦めて聖福寺境内をあとにした。これが私と敗戦引揚者との初

対面でした。その後しばらくして再び聖福寺を訪れた時、引揚の人々は一人も居らず境内はきれいに整頓されていました。

私の住んでいる箱崎は、鹿児島本線に沿って南北に長く延びた町で、南は引揚指定地になった博多港、北は九州大学を擁して文教の街です。九州大学の敷地の一番北が農学部で、その農学部に隣接して「福岡市営・箱崎一号墓地」が在ります。敗戦後、旧満洲北部・朝鮮北部から沢山の同胞が博多港に帰着したが、長途の逃避行で疲労等極に達し、船中や上陸後亡くなられた方が多かった。援護局はそれらの人を箱崎一号墓地に埋葬したのです。

私は勤めていたので直接見たことは無いけれど、近所の人の話では、屍体を載せたリヤカーが毎日のように家の前を通って墓地に行く。屍体には蓆はかぶせてあるが手足は蓆からハミ出し、そのリヤカーを曳く人がまた疲れ切ってヨロヨロ腰。今曳いている人は明日は倒れるのではと、ハラハラしながら見ていたそうです。

そのころ私が眼にした一つの忘れ得ぬ情景があります。ある夕方、私の家の近くの四ツ角をリヤカーを曳いた中年夫婦が通り、曲り角で男が倒れた。女が「あんた！　しっかりせんね！　ここで倒れたらどうなるの！　さあ起きて！　頑張って！」悲痛な叫び声を連発した。

通りかかりの人達も息を凝らして成り行きを見ている。しばらくして男が立ち上がり、二人でリヤカーを曳いて博多の方に消えて行った。疲労困憊だったのでしょう。飢えて歩けなかったのでしょう。箱崎の或る四ッ角で、路を曲ったとき疲労困憊に倒れて、女の肺腑をえぐる声で我に返った男。夕闇

◆**児島敬三**「二日市保養所」があった一隅に建立された「仁」の石碑を前にしての集合写真。向かって左から柴戸尚憲（引揚げ港・博多を考える集い）・秦禎三医師・創建者の児島敬三（元修猷館高校教諭）。児島は、千田夏光『皇后の股肱』（晩声社）中の「二日市堕胎病院」を読んで、当時の医師達が職を賭して行った人道的行為を知り、私財を投じて石碑を建立した。［平成８年撮影、提供：柴戸尚憲／解説：高杉志緒］

せまる見知らぬ街を這い起きて、どこか知らぬ所に消えて行った中年二人。あの二人は今夜の食事にありつけたろうか?。夜具は疲れをいやすに充分だったか？　もう四十九年前の出来事ですが、私は今でもその四ツ角を通るたびに、あの時の情景を思い出します。

私は筑紫野市済生会病院の一隅に、医師・看護婦の頌徳碑を建て、その御縁で「引揚げ港・博多を考える集い」の人々と連絡を取り合っていますが、この会の意図は明確です。だがその実現となるとまだまだ前途遼遠です。私達が師表と仰ぐ山本良健先生もご他界され、往時の情熱に燃えた若い人々も七十の坂を超えています。記念館の実現はいつになるでしょうか。私たちは力を落さず、夢を持って一歩一歩前進させせねばなりません。四十九年前に辛苦して博多港にたどり着いた人々は、内地上陸第一歩の港に記念碑・記念館が出来るのを待ち望んでいます。老齢、その日（記念館建立の日）を待てない人は、それぞれの子弟に「博多港に記念館が出来たら、先ず私が墓前に報告してくれ」と言い残していると思います。この心情は理解出来ます。八百年前に、中国の詩人も同じことを言いました。紹介して私の結びと致します。

［こじまけいぞう］

〔解説〕この詩人の在世時、漢民族は揚子江以南に追いやられ、江北は北方民族の金の支配下にあった。それでこの詩人は子孫に、漢民族の天下統一が実現したら、この父に一番に報告せよと諭しました。

示《す》レ児《に》

南宋　陸游（一一二五〜一二一〇）

死去元《もと》知《る》万事《の》空《しきを》
但悲《しむ》不《ざるを》レ見二九州《の》同《じを》一
王師北《のかた》定《むるの》二中原《を》一日
家祭無《なかれ》レ忘告《ぐるを》二乃王《に》一

人間一旦この世を去れば
万事空に帰するのは知るが
宋が北方を金に侵略され
天下統一を見ぬのは残念
さればわが宋軍が金を滅ぼして
天下を統一した暁には
必ずわが家の祭を行なって
父に報告するのを忘れるな

＊平成七年（一九九五）五月刊行　引揚げ港・博多を考える集い『戦後五〇年——引揚げを憶う』から転載

episode 23

# 平和資料館の建設を

堀田広治

## 博多港と引揚

アジア太平洋戦争の敗戦時における海外の日本人の総数は、政府自体も戦後の混乱のなかで正確に把握できていないが、軍人・軍属と民間人を合わせおおよそ七〇〇万人程度とみられ（当時の日本の人口の約一割）、大東亜共栄圏建設の名のもとに、アジア各国に展開していた。

敗戦とともに、これらの人たちは追われるように祖国日本に帰国することになる。軍人・軍属はポツダム宣言により帰国は保障されていたが、現地で暮らしていた民間人はその保障はなく、一九四五年八月十五日を境に宗主国の国民から敗戦国の国民に転落することになった。

当然のことながら、現地住民からは追放すべき存在として敵視され、厳しい対応を迫られた。しかし引揚船として利用できる船舶は圧倒的に不足しており、日本政府は当初「民間人は現地定着」の方針をとった。その後、現地の悲惨な状況が分かってきたため、ＧＨＱ（連合軍総司令部）に船舶の貸与を要請。四六年春以降になって米国などからＬＳＴ（大型上陸用舟艇）や貨物船など計一九一隻の貸与を受け、引揚を軌道に乗せることができた。しかし、引揚は困難を極め、特に満洲開拓団は命をかけた逃避行のなかで八万人を超える犠牲者を出している。

全国の引揚援護局によると、民間人の地域別引揚者数は旧満洲から約一〇三万人、朝鮮から七二万人、中国から四九万人をはじめ、南方や樺太、台湾からの引揚を加えると全体で三二〇万人となっている。博多港は大陸に近く港湾の設備もまずまず機能していたので引揚港に指定され、引揚援護局が置かれた。博多港には一三九万人余りが引揚げ、佐世保港と共に日本最大の引揚港となりその役割を果たした。釜山から約二〇〇キロの距離にある博多港には、援護局の設置（一九四五年十一月）前から漁船をチャーターして帰国した人たちがいたが、これらの人はカウントされておらず、元引揚船の船長を経験した糸山奏夫氏（故人）によると、このようないわゆる闇船での帰国者は二〇万人を下らないという。また博多港の特徴は引揚者の受け入れだけでなく、日本にいた朝鮮人など五〇万人余りを祖国に送り返したことである。

博多港は援護局が置かれた一九四五年十一月から四七年四月までのわずか一年半足らずの間に二〇〇万人が交差する民族大移動の拠点となり、多いときは一日一万人以上が往来した。当時、日本にいた朝鮮人は、博多港に行けば祖国に帰れると聞き、博多に集まった。が、諸般の事情からそのまま博多に居ついた朝鮮人も少なくない。福岡市が市制九十周年記念として一九七九年に発行した「福岡の歴史」には、博多港引揚について「博多港は港の全機能を発揮して、国家的重大使命を果したのであった」との記述がある。

## 福岡市平和資料館の建設を

しかし、博多港が引揚港として「国家的重大使命」を引受けていたことを知る市民は多くはない。その理由は引揚が行われた当時、博多港から博多駅に通じる大博通り一帯は、一九四五年六月十九日の福岡大空襲で一面の焼け野原になっていて、引揚者を目撃した市民がほとんどいなかったからである。引揚者自身もあまりにもつらかった引揚の体験は、思い出したくない出来事であり語りたくなかったであろう。そのようなかで、博多港の引揚の歴史を顕彰するため引揚モニュメントの建設を最初に訴えたのは、引揚船船長の経験を持つ元福岡海上保安部長の糸山泰夫氏である。同氏の提言は一九八七年九月三十日付の西日本新聞「地域からの提言」欄に「博多港に『引揚平和記念碑』を」のタイトルで掲載された。

当時、福岡市の職員だった私は一九九〇年度の政策課題研修で「博多港に引揚平和祈念像の建設」を提言するが、当局からは何の反応もなく無力感に陥っていた。この二人が一九九一年五月に出会い、「直接市民に訴え市民運動でこの願いを実現させよう」という意見で一致した。一年後に「引揚げ港・博多を考える集い」を二〇人ほどで発足、引揚モニュメントや資料館の建設へ向けての取り組みを開始した。運動は学習会、会報の発行、署名活動へと広がっていった。

これまでの成果として、一九九六年三月、引揚モニュメント「那の津往還」建設、二〇一一年十一月引揚資料常設展示場「引揚港・博多」開設、二〇一八年四月中学校人権読本「ぬくもり」に博多港引揚の掲載が実現した。私たちはこれで十分とは決して思っていない。二十数年前に建設されたモニュメントについて市民への周知はされていないし、引揚資料の展示も市民福祉プラザのホール横のコーナーにわずか一二〇点展示されているのみで、展示品は「舞鶴引揚記念館」の一〇%程度に過ぎない。

私たちは博多港引揚の歴史を通して、戦争の悲惨さや平和の尊さを考えるよすがにしていきたいと願っている。今後は、忘れ去られようとしている博多大空襲の被災や広島・長崎の原爆投下、さらにはすべての核兵器廃絶への願いも込めて、福岡市に「平和資料館」の設置を多くの市民の皆さんに呼びかけ、広めていきたいとその準備にとりかかっている。

［ほりた ひろじ］

＊令和二年（二〇二〇）八月刊行『西日本文化』に掲載文を一部改訂して掲載。

＊平成七年（一九九五）五月刊行
「引揚げ港・博多を考える集い」
『戦後五〇年―引揚げを憶う』
アジアの友好と平和を求めて

＊平成十年（一九九八）七月刊行
「引揚げ港・博多を考える集い」
『戦後五〇年―引揚げを憶う（続）』
証言・二日市保養所

# 『あれから七十六年（仮題）』手記原稿募集

## 「引揚」と「援護」の記憶を未来に伝えるために

本書『あれから七十五年』の次巻に掲載する手記を募集します。引揚にまつわる、あなた自身の体験をお待ちしています。

共著となりますので、文字数は、約二〇〇〇字～四〇〇〇字（四百字詰原稿用紙五～十枚程度）でお願いします。手記にまつわる写真を一枚以上添付ください。どんな写真かは、本書をご参考ください。

ご住所、お名前、年齢と、連絡先のお電話番号、あればメールアドレスをご明記ください。

採否は「引揚げ港・博多を考える会」にお任せいただき、採否に関するお問い合わせは御遠慮ください。

掲載にあたっては、大意を変えない範囲でのリライトをする場合がございますので、ご了承願います。

掲載の方には、本を三冊進呈します。

締切◆令和三年（二〇二一）三月十五日
送り先◆福岡市中央区小笹一丁目十五番十号三〇一
図書出版のぶ工房「引揚の手記」係

# あれから七十五年

## 戦後引揚と援護、二十三人の体験記

ISBN 978-4-901346-67-2

令和二年（二〇二〇）十月二十日　初版第一刷発行

編　纂　引揚げ港・博多を考える集い

監　修　堀田広治

発行者　遠藤順子

発行所　図書出版のぶ工房

〒八一〇―〇〇三三　福岡市中央区小笹一丁目十五番十号三〇一

電話（〇九二）五三一―六三五三　ＦＡＸ（〇九二）五二四―一六六六

印刷・製本　九州コンピュータ印刷

定価はカバーに表示してあります。乱丁・落丁は小社あてにお送りください。送料小社負担にてお取替えいたします。

＊表示価格は本体価格（税別）です。定価は、本体価格＋税となります。

九州アーカイブズ A ［写真集］

## 博多港引揚

ISBN 978-4-901346-30-6

引揚者援護に関わった人々の活動と、福岡市「ふくふくプラザ」展示の引揚者資料を紹介。繁栄の象徴ともいえる一大コンベンションゾーンを成し国際旅客数日本一を誇る博多港中央埠頭が、日本有数の引揚港であったことを、ご存知だろうか。戦前と昭和二十年代の写真とともに、どのような人々の苦難と努力があったのかを知る一冊。

Ａ４判／並製本／一二八頁

本体二二〇〇円

九州アーカイブズ B ［写真集］

## あれから七十年

ISBN 978-4-901346-31-3

三宅一美氏と日本人世話会による釜山港での活動の記録と、米国立公文書館写真を紹介。博多港は、戦後に満州、朝鮮半島ほか海外から引揚邦人百三十九万人、また五十一万人の外国人を送出し、輸送人員計百九十万人を数える。平成二十八年にアクロス福岡で開催された「あれから七十年」の記録から引揚体験、未来へ語り継ぐ若者達の活動等をまとめた。

Ａ４判／並製本／一二八頁

本体二二〇〇円

＊小社出版物が店頭にない場合には「**地方小出版流通センター扱い**」と、御指定の上、最寄りの書店にご注文ください。なお、お急ぎの際は、小社宛に、ご注文いただけましたら、代金後払いにて、お送りいたします。
（送料は一律二〇〇円。定価総額二〇〇〇円以上は不要）